LES FANTÔMES DE L'HISTOIRE DE FRANCE

DES GAULOIS À NOS JOURS

ROGER MAUDHUY

Métive
un art de vivre
Créé et dirigé par Romain Naudin

À Jean-Marie Cuny,
qui dans les bois près de Domremy-la-Pucelle
ne sait toujours pas expliquer ce qu'il a vu et ressenti... comme moi...

« Les fantômes sont des choses qui arrivent. »

Grégory Delaplace

« Je ne crois pas aux fantômes, mais j'en ai peur. »

Mme du Deffand

« Une grande femme vêtue de blanc me regardait, debout derrière le fauteuil où j'étais assis une seconde plus tôt. »

Guy de Maupassant

LA FRANCE DES LIEUX HANTÉS PAR L'HISTOIRE

Nota : *Certains des récits qui suivent ne sont pas précisément situés, on évoque le Livradois, les Monts d'Arrée, les Cévennes, les bois de la montagne de Brame-Farine en Isère, etc.*

1. Aigremont (Haute-Marne)
2. Aouze (Vosges)
3. Arches (Vosges)
4. Aroffe (Vosges)
5. Auberive (Haute-Marne)
6. Auray (Morbihan)
7. Barr (Bas-Rhin)
8. Bazoilles-sur-Meuse (Vosges)
9. Beaucourt-sur-l'Hallue (Somme)
10. Bellefontaine (Vosges)
11. Bitche (Moselle)
12. Blois (Loir-et-Cher)
13. Bouxières-aux-Dames (Meurthe-et-Moselle)
14. Brech (Morbihan)
15. Brest (Finistère)
16. Cernay (Haut-Rhin)
17. Chambord (Loir-et-Cher)
18. Chantilly (Oise)
19. La Chapelle-Thireuil (Deux-Sèvres)
20. Charmoilles (Haute-Marne)
21. Chartres (Eure-et-Loir)
22. Châteauneuf-d'Ille-et-Vilaine (Ille-et-Vilaine)
23. Chazé-sur-Argos (Maine-et-Loire)
24. Cherbourg (Manche)
25. La Cluse-et-Mijoux (Doubs)
26. Consenvoye (Meuse)
27. Coucy-le-Château-Auffrique (Aisne)
28. Dangolsheim (Bas-Rhin)
29. Dannevoux (Meuse)
30. Dinan (Côtes-d'Armor)
31. Domrémy-la-Pucelle (Vosges)
32. Doncourt-aux-Templiers (Meuse)
33. Dunkerque (Nord)
34. Fécamp (Seine-Maritime)
35. Ferrette (Haut-Rhin)
36. Fleurbaix (Pas-de-Calais)
37. Fontainebleau (Seine-et-Marne)
38. Friesen (Haut-Rhin)
39. Gevrey-Chambertin (Côte-d'Or)
40. Greux (Vosges)
41. Harréville-les-Chanteurs (Haute-Marne)
42. Haut-Koenigsbourg (Bas-Rhin)
43. L'Herbergement (Vendée)
44. Jeandelize (Meurthe-et-Moselle)
45. Lafrimbolle (Moselle)
46. Lageon (Deux-Sèvres)
47. Lanleff (Côtes-d'Armor)
48. Lannes (Haute-Marne)

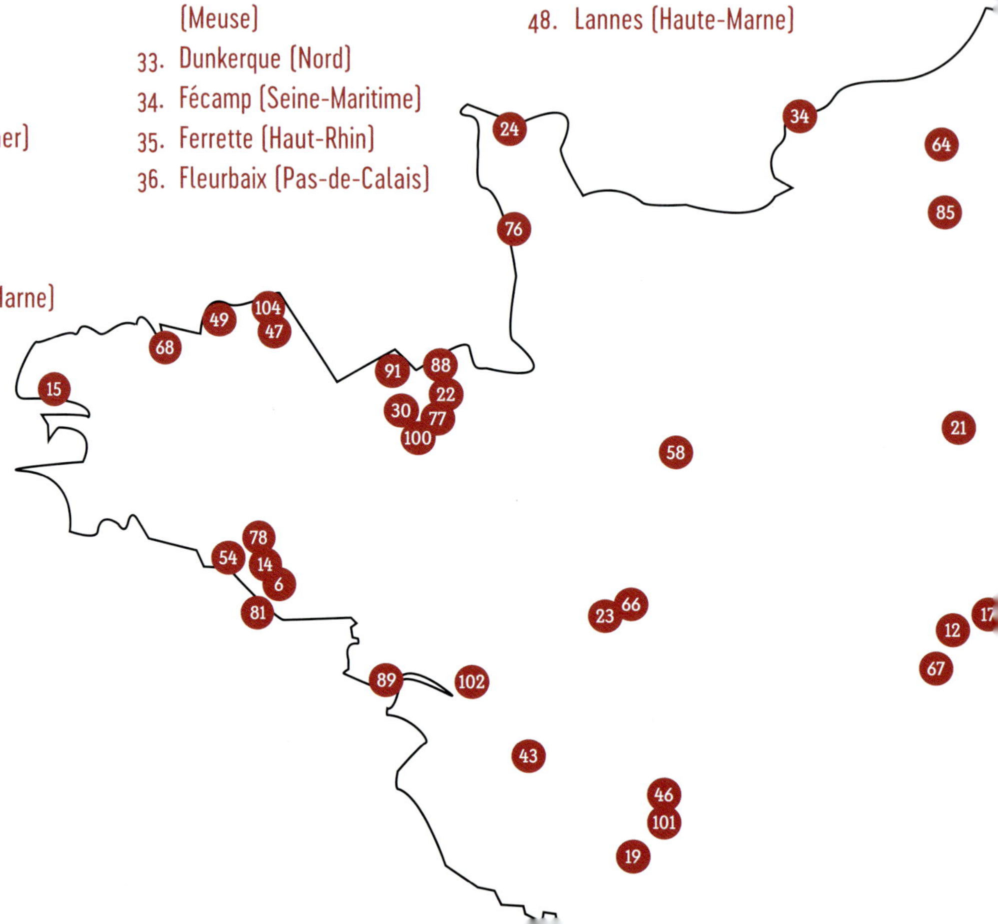

49. Lannion (Côtes-d'Armor)
50. Larivière-Arnoncourt (Haute-Marne)
51. Léré (Cher)
52. Les Roises (Meuse)
53. Lille (Nord)
54. Lorient (Morbihan)
55. Maison-des-Champs (Aube)
56. Manderen-Ritzing (Moselle)
57. Marnay (Haute-Saône)
58. Mézangers (Mayenne)
59. Mittelbergheim (Bas-Rhin)
60. Molay (Haute-Saône)
61. Molineuf (Loir-et-Cher)
62. Mollkirch (Bas-Rhin)
63. Montargis (Loiret)
64. Montérolier (Seine-Maritime)
65. Montmédy (Meuse)
66. Montreuil-sur-Maine (Maine-et-Loire)
67. Montrichard (Loir-et-Cher)
68. Morlaix (Finistère)
69. La Mothe-en-Bassigny (Haute-Marne)
70. Moyenmoutier (Vosges)
71. Murbach (Haut-Rhin)
72. Nevers (Nièvre)
73. Oiselay-et-Grachaux (Haute-Saône)
74. Paris
75. Perthes-les-Hurlus (Marne)
76. Pirou (Manche)
77. Pleudihen-sur-Rance (Côtes-d'Armor)
78. Pluvigner (Morbihan)
79. Pont-à-Mousson (Meurthe-et-Moselle)
80. Pontpierre (Moselle)
81. Quiberon (Morbihan)
82. Resson (Meuse)
83. Rocroi (Ardennes)
84. Rolampont (Haute-Marne)
85. Rozay-sur-Lieure (Eure)
86. Rozerotte (Vosges)
87. Saint-Denis (Seine-Saint-Denis)
88. Saint-Malo (Ille-et-Vilaine)
89. Saint-Nazaire (Loire-Atlantique)
90. Saint-Nicolas-de-Port (Meurthe-et-Moselle)
91. Saint-Pôtan (Côtes-d'Armor)
92. Saint-Remy (Vosges)
93. Sainte-Menehould (Marne)
94. Sivry-sur-Meuse (Meuse)
95. Strasbourg (Bas-Rhin)
96. Thionville (Moselle)
97. Vallenay (Cher)
98. Vaucouleurs (Meuse)
99. Versailles (Yvelines)
100. La Vicomté-sur-Rance (Côtes-d'Armor)
101. Viennay (Deux-Sèvres)
102. Vigneux-de-Bretagne (Loire-Atlantique)
103. Wasselonne (Bas-Rhin)
104. Yvias (Côtes-d'Armor)

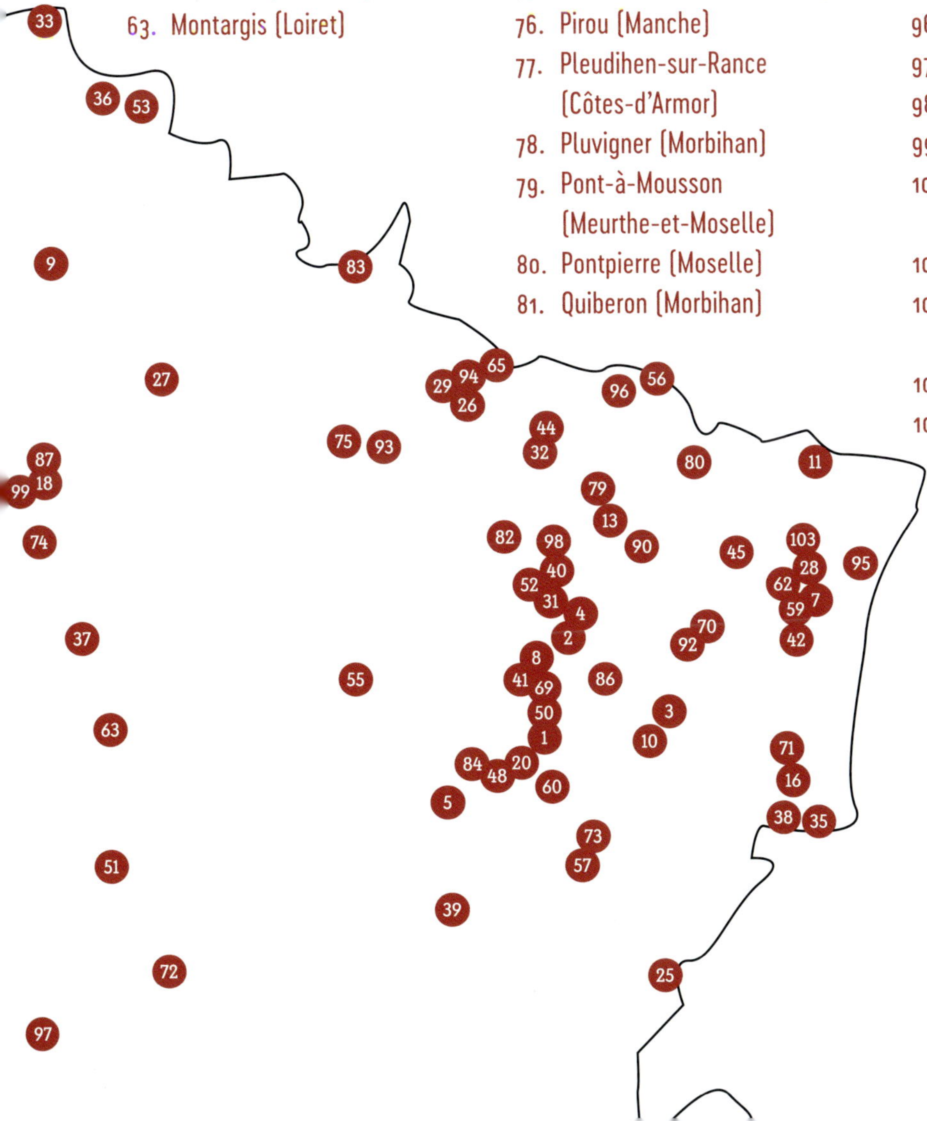

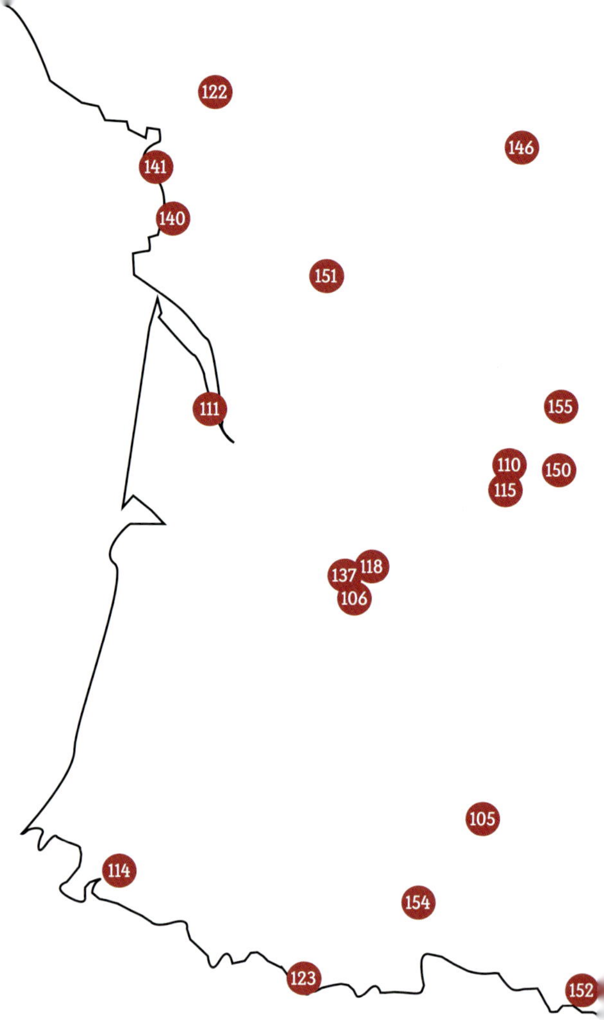

105. Agassac (Haute-Garonne)
106. Aiguillon (Lot-et-Garonne)
107. Ardes-sur-Couze (Puy-de-Dôme)
108. Arras-sur-Rhône (Ardèche)
109. Beaumettes (Vaucluse)
110. Beynac-et-Cazenac (Dordogne)
111. Blanquefort (Gironde)
112. Bozel (Savoie)
113. Carcassonne (Aude)
114. Caro (Pyrénées-Atlantiques)
115. Castelnaud-la-Chapelle (Dordogne)
116. Châtillon-d'Azergues (Rhône)
117. Chessy (Rhône)
118. Clairac (Lot-et-Garonne)
119. Clermont-l'Hérault (Hérault)
120. Collioure (Pyrénées-Orientales)
121. La Condamine-Châtelard (Alpes-de-Haute-Provence)
122. Fontenay-le-Comte (Vendée)
123. Gavarnie (Hautes-Pyrénées)
124. Hyères (Var)
125. Lanslebourg-Mont-Cenis (Savoie)
126. Laval-du-Tarn (Lozère)
127. Mallemort (Bouches-du-Rhône)
128. Marcenat (Cantal)
129. Marseille (Bouches-du-Rhône)

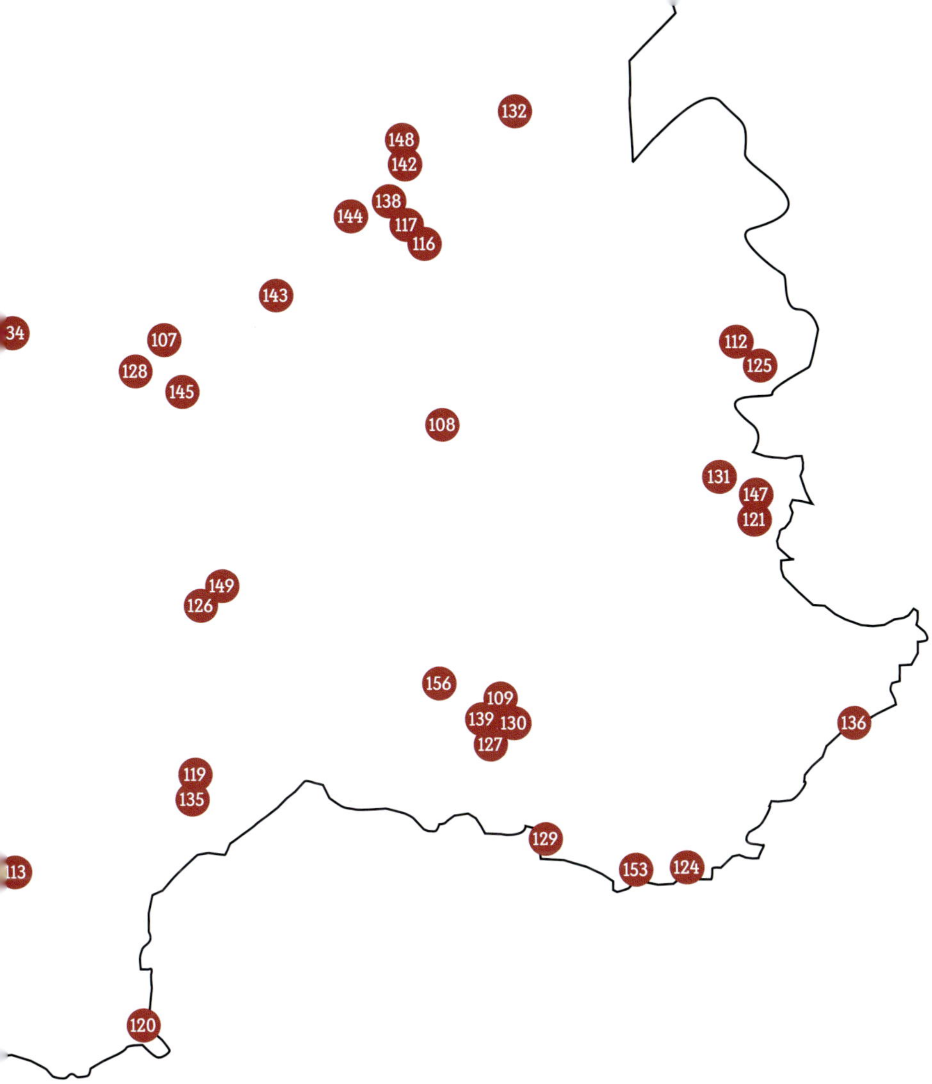

130. Ménerbes (Vaucluse)
131. Mont-Dauphin (Hautes-Alpes)
132. Montagna-le-Templier (Jura)
133. Montségur (Ariège)
134. Moustier-Ventadour (Corrèze)
135. Nébian (Hérault)
136. Nice (Alpes-Maritimes)
137. Nicole (Lot-et-Garonne)
138. Oingt (Rhône)
139. Oppède (Vaucluse)
140. Rochefort (Charente-Maritime)
141. La Rochelle (Charente-Maritime)
142. Romanèche-Thorins (Saône-et-Loire)
143. Saint-Anthème (Puy-de-Dôme)
144. Saint-Just-d'Avray (Rhône)
145. Saint-Just-prés-Brioude (Haute-Loire)
146. Saint-Martin-le-Mault (Haute-Vienne)
147. Saint-Paul-sur-Ubaye (Alpes-de-Haute-Provence)
148. Saint-Vérand (Rhône)
149. Sainte-Enimie (Lozère)
150. Sainte-Mondane (Dordogne)
151. Segonzac (Charente)
152. Sem (Ariège)
153. Toulon (Var)
154. Valcabrère (Haute-Garonne)
155. Varetz (Corrèze)
156. Villeneuve-lès-Avignon (Gard)

SOMMAIRE

Quand le fantôme de Napoléon est utilisé par la propagande française en 1914...
Eh ! oui, la Prusse n'avait pas encore oublié ses défaites à Iéna et Auerstadt,
et l'entrée victorieuse de Napoléon à Berlin puis à Varsovie
– Collection de l'auteur.

PETIT ÉTAT DES LIEUX, AVEC LA COMPLICITÉ DE RENÉ FALLET

« Au village, sans prétention, il n'y avait plus rien. Le four du boulanger s'était refroidi en même temps que le boulanger, qui ne cuisait plus ses couronnes qu'au cimetière. Car il y avait encore un grand cimetière, au village, s'il n'y avait plus de petit boulanger (...).

Il n'y avait plus de lavoir sur la Besbre, la rivière qui l'arrosait. Les battoirs s'étaient tus. En ville, les brocanteurs les exposaient dans leur vitrine. Les laveuses s'étaient tues de même, assises au coin de leur machine à laver. Désormais farouches et solitaires, elles n'écoutaient plus le gazouillis de l'eau mais celui de Radio-Luxembourg, tournaient sept fois et davantage une langue inutile dans une bouche superfétatoire. Il n'y avait plus pour elles ni de brouettes, ni de boules de bleu, ni d'ablettes au cœur des bulles de savon.

Il n'y avait plus, non plus, de curé. Le vieux n'avait pas été remplacé par un neuf. On ne voyait plus de soutane au hasard des chemins, et le mécréant dépité n'avait plus le loisir de gueuler "à bas la calotte !" puisque, aussi bien, il n'y avait plus de calotte. Certes, il demeurait encore un ecclésiastique affecté au chef-lieu de canton mais, appartenant à tous, il n'était en fait à personne. Pour le coup, le saint homme avait été aigrement surnommé par ses ouailles éparpillées "le prêtre-à-porter" (...) déguisé en notaire, il s'en allait porter à toute allure la bonne parole de commune en commune, main bénisseuse et pied sur l'accélérateur, expédiant messes, extrêmes-onctions, mariages, enterrements au grand galop de tous ses cinq chevaux (...). En somme, il n'y avait plus de Bon Dieu. Ou guère. Ou si peu.

Il n'y avait plus de facteur à pied ou à bicyclette, qu'un préposé pressé en camionnette, plus anonyme qu'une lettre, et qui n'avait jamais une minute pour boire un canon.

Au village, en outre, il n'y avait plus d'idiot du village. Dès qu'ils manifestaient leurs talents, on les ramassait comme des petits-gris pour les enfermer à l'asile (...). Ils y perdaient leur singularité, tout pittoresque, n'acquéraient pas pour si peu un poil d'intelligence moyenne, tombaient tout à fait fous, se périssaient d'ennui avant de périr pour de bon et sans aucun profit pour la collectivité alors qu'autrefois ils égayaient leur entourage, l'ennoblissaient par la simple vertu de leur présence. Idiots, ils permettaient à tous leurs imbéciles de concitoyens de se croire futés en diable (...). En revanche, bien sûr, on avait la télévision (...).

Il n'y avait plus de crottin sur les routes puisqu'il n'y avait plus de chevaux. Ni de charrettes, ni de maréchal-ferrant, ni de forge, ni de soufflet, ni d'abreuvoir, ni de fers porte-bonheur, ni de hennissements, ni de coups de sabots, ni de jurons, ni de claquements de fouet. Plus de fouet, plus de harnais, donc plus de bourrelier. Parti, le bourrelier. À l'usine, comme tout le monde, et il y en avait, du monde, à l'usine. Davantage que dans les champs, à cause des avantages sociaux (...).

Ceux qui allaient encore aux champs ne chantaient plus les chansons de chez eux. S'ils se sentaient de belle humeur, ils emportaient le transistor (...).

Il n'y aurait bientôt plus de chasseurs au village, encore moins de ces gens pratiques qu'étaient les braconniers. Déjà, on ne comptait plus guère de pêcheurs, hormis, l'été, quelques innocents de Parisiens (...).

La municipalité avait châtré la fontaine publique, sur la place du bourg. Il était inutile de gaspiller une eau qui coulait à plus soif de tous les robinets, depuis les adductions. Plus de brocs, de seaux, ni de vie, ni de commères autour de la fontaine où même la mousse ne croissait plus. Tous les puits étaient à l'abandon, tous les puisatiers au rancart.

Le sabotier avait clos d'une croix de planches la porte de son échoppe qu'avait rendue caduque l'avènement des bottes de caoutchouc. Il n'avait pas fallu des heures aux curieux pour comprendre, à la vue du tailleur Zézé Burlot branché à un noyer, que ses affaires frisaient le néant depuis que ses voisins se vêtaient sans mesure dans les "Mammouth" tentaculaires des villes.

Tous les petits commerces et modestes professions du village s'étaient évanouis les uns après les autres. On n'entendait plus la corne du chiffonnier (...) battre le rappel des guenilles, des peaux de lapin et des débarras de greniers. Les rétameurs (...) avaient plié boutique depuis qu'on jetait par-dessus bord à leur tout premier trou les casseroles percées. C'était la même débâcle au sein des "roulants" (...) Sans doute pris en charge par la Sécurité sociale, ils ne hantaient plus un trimard de plus en plus fictif. Si les poules respiraient, les êtres secourables à leur prochain soupiraient, qui n'avaient plus de prochain sous la main (...).

Dans les prés, il n'y avait plus d'ânes. Ils n'étaient plus que des bouches inutiles, même pour les chardons. Adieu, "bourris". Ils n'iraient plus, cahin-caha, porter le grain des humbles au moulin. Il n'y avait plus de moulin. Ses roues pourrissaient, tombaient en morceaux (...).

On eût volontiers discuté de ces problèmes agrestes autour d'une chopine et d'une table de bistrot, mais il n'y avait plus de bistrot, ce qui bouleversait la vie quotidienne de la commune. Ainsi les jours d'enterrement, lorsque l'église ouvrait par exception ses portes, les hommes ne savaient plus que faire de leurs dix doigts en attendant la sortie du corps, annoncée par les cloches. Jadis, ils patientaient au café avant d'aller rejoindre le chœur des pleureuses, buvaient un coup en chantant les louanges du défunt qui, certes, n'était pas exempt de critiques, mais n'en demeurait pas moins, le trépas aidant, le meilleur des hommes. Aujourd'hui, ils gelaient ou cuisaient au-dehors, et la dépouille mortelle, qui n'en pouvait mais, en prenait pour son grade, victime de la mauvaise humeur générale.

En cet endroit, il y avait pourtant eu, voilà peu, jusqu'à deux bistrots. Patrons et patronnes avaient coup sur coup pris leur retraite, les uns au cimetière, les autres dans un recoin du bourg où ils cultivaient leur jardinet. Personne n'avait pris leur suite, ces affaires familiales n'étant pas de celles qui permettent de narguer les émirs au baccara. Quoi qu'il en fût, un village sans débit de boissons n'était plus un village (...).

Bref, le village en avait pris un sacré coup dans la pipe[1]*.»*

1 - René Fallet, *La Soupe aux choux*, Paris, Denoël, 1980, p. 9-17.

Partout en France il reste des « Gourdiflots »

À ce triste constat, le folkloriste pourrait ajouter qu'aujourd'hui les notaires de sous-préfecture ne s'intéressent plus à l'histoire locale, que les avoués ruraux ont disparu, que les médecins qui jadis écrivaient de si belles monographies sont noyés sous les papiers administratifs, que les secrétaires de mairie partagent leur temps entre cinq ou dix mairies où ils font le service minimum, et que les curés ignorent souvent quels saints s'abritent dans leurs trop nombreuses églises. Même les hobereaux qui occupaient leurs loisirs à écrire l'histoire de leur patelin, aujourd'hui consacrent tout leur temps à remplir des dossiers pour obtenir des subventions, question de relever un mur ou de combler quelque trou dans la toiture séculaire – quand ils ne sont pas derrière un guichet à faire la retape : *« Oh ! vous savez, nous autres vieux aristocrates, nous n'avons plus qu'à coiffer la casquette, et nous installer au tourniquet »*, dit si bien Jean Gabin, *alias* Enguerrand de Montignac, dans *Le Tatoué*.

Le temps béni des folkloristes a pris fin avec la Première Guerre mondiale : la révolution industrielle, l'exode rural, l'individualisme, les paysans à l'usine, la mécanisation des travaux des champs, la TSF... Tout cela a ébranlé jusqu'aux fondations une société traditionnelle où de génération en génération se transmettaient un savoir, des légendes, des contes, des croyances, des superstitions... Aux toutes dernières veillées, dans les années 1920 ou 1930, il fut bien plus question des Poilus que des fées, de Verdun que de l'Enfer, des souvenirs de guerre que des contes de grand-maman. La Seconde Guerre mondiale puis la généralisation de la télévision ont à peu près achevé ce qu'il y avait d'encore un peu vivant.

Forts de ce triste constat, des « folkloristes » se sont mis à pondre des recueils en recopiant les collectes des grands anciens, des Sébillot et des Meyrac, des Bladé et des Cadic, des Colson et des Ortoli, parfois en oubliant de les citer. Bien au chaud dans un bureau, de dix livres ils font un onzième, qui forcément n'apporte rien de neuf. Parfois même ils recopient mal, ou imaginent des textes, ou pire encore, ils transposent : ils piquent une légende wallonne et l'implantent en Lorraine, il suffit pour ce faire de changer quelques noms, et le (mauvais) tour est joué. Et c'est ainsi que, dans un recueil de « légendes » lorraines, saint Remacle se demande ce qu'il fait dans le pays de Dun-sur-Meuse...

Si dans un roman quelques lignes empruntées quelque part attireront tôt ou tard l'œil justicier d'un Assouline, les « folkloristes » qui piquent des pages entières le font à peu près impunément. Ces « folkloristes » sont des faiseurs, des fabricants plus ou moins doués. Ils envahissent les rayons des librairies et polluent un patrimoine. Jamais ils n'ont poussé la porte d'une chapelle oubliée, jamais ils n'ont tâté le grain d'une pierre à légendes, jamais ils n'ont bu l'eau d'une source sacrée...

Jamais ils n'ont vu un témoin.

Car, il faut le dire, si le bon temps des veillées a disparu, des témoins, on en trouve encore. Des *Glaude* ou des *Bombé*, des *« fossiles de la plus belle eau »* selon la belle expression de René Fallet. De ces gens qui ont à peine quitté l'ombre de leur clocher, qui ont la terre de leur terroir collée à leurs semelles. Et qui ont entendu et retenu les dits d'une grand-mère ou d'une vieille tante. On en trouve encore, en se donnant la peine de chercher encore et encore, car, évidemment, ils sont moins nombreux qu'il y a un siècle et plus. Il est périmé, définitivement mort sans espoir de résurrection, le temps où un Henri Pourrat, entre 1911 et 1913, pouvait, avec l'aide du félibre Régis Michalias, recueillir 440 chansons et 68 contes auprès de seulement six témoins. Il ne sera jamais battu, le record d'Emmanuel Cosquin, qui en 1886 publia deux forts volumes de contes populaires lorrains, une centaine au total avec des variantes, tous collectés dans un seul village auprès d'une seule et unique jeune fille[2].

Aujourd'hui, il faut chercher, tamiser et tamiser sans cesse, comme l'orpailleur obstiné, et finalement une pépite apparaît. Une petite, souvent, mais une pépite quand même.

En magique quête de ces derniers témoins, j'ai ainsi parcouru des milliers de kilomètres un peu partout en France, donnant la priorité aux « Gourdiflots », hameaux et villages perdus, un peu préservés du progrès qui tue. Il est bien rare de recueillir un conte, qui a l'inconvénient de n'être pas ancré en quelque recoin et qui s'est ainsi évanoui ; les légendes sont plus fréquentes, surtout si elles sont incarnées par un lieu existant encore, château, ruine, souterrain, lande, forêt, menhir... Les historiettes, que dans les Vosges et en Franche-Comté on nomme joliment des « racontotes », sont nombreuses encore, et je ne connais pas un café de village – oui, il y en a encore – où il ne soit possible d'en faire éclore quelques-unes, pourvu que le foie soit solide et le gosier en pente. Quant aux superstitions, aux croyances, aux dictons, au blason populaire et autres histoires de saints protecteurs ou guérisseurs, ils sont bien vivants, pour peu que l'on sache mettre les témoins en confiance.

Et donc depuis trente ans et plus, mes recueils de contes et légendes sont nourris, enrichis de ces témoignages inédits qui font leur particularité. Le *Bulletin de la Société de Mythologie française*, écrit par des passionnés qui comme moi arpentent encore le terrain[3], ne s'y est pas trompé, et saluait ainsi ma *Lorraine des légendes* : *« Il est rare qu'un recueil de légendes contienne des collectes personnelles. Aussi faut-il saluer le très beau et riche recueil que Roger Maudhuy vient de consacrer à la Lorraine*[4]. »

Quelque temps plus tard, mon *Limousin des légendes* me valait un joli compliment : *« Roger Maudhuy est un Maigret du folklore*[5]. »

Et, en effet, imagine-t-on Maigret menant ses enquêtes assis derrière son bureau ?

2 – Tous ces contes furent recueillis dans la Meuse à Montiers-sur-Saulx, aux limites du Barrois mouvant et de la Champagne, et le sourcilleux Arnold van Gennep, dans sa *Bibliographie méthodique*, n'hésite pas à faire figurer l'œuvre de Cosquin à la rubrique « Champagne, Brie », jetant : *« Je suis obligé de laisser son titre à cet ouvrage, mais (...) on devrait tout autant les nommer champenois. Le malheur est que ce titre a fait attribuer à la Lorraine proprement dite, et qui plus est tout entière, une richesse littéraire qu'elle est très loin de posséder.* » Cette perfidie est une insulte à l'abbé Louis Lallement, Georges Villechet, Nérée Quépat, Lucien Adam, Charles Sadoul, Xavier Thiriat, Jean Grossier, Angelika Merkelbach-Pinck, Léon Zéliqzon, pour ne citer que ces quelques « cueilleurs » de littérature orale lorraine, à laquelle j'ai apporté ma contribution avec *La Lorraine des légendes*, *Contes des pays lorrains* et *Contes, légendes et croyances des Vosges*.

3 – Fort heureusement, bien des régions françaises sont encore labourées par des curieux, ou l'ont été tout récemment : le regretté Dr Jean Peyresblanques (1927-2014) a sauvé des centaines de récits dans son département des Landes ; le trop tôt parti Charles Joisten (1936-1981) a réalisé un magnifique travail de collecte en Ariège, dans le Dauphiné et dans les Alpes ; Bernard Coussée laboure le Nord, Gérard Leser l'Alsace... Et c'est sans parler de la collection « Récits et contes populaires » éditée par Gallimard il y a quatre décennies, avec d'excellents chercheurs comme Marie-Louise Tenèze, Jean Guilaine, Marie-Claude Groshens, etc.

4 – *Bulletin de la Société de Mythologie française*, Paris, janvier 2005.

5 – *Le Populaire du Centre*, Limoges, 25 décembre 2007.

Pour bien comprendre les peurs et les croyances de nos ancêtres, il faut plonger dans leur univers. Faire connaissance avec tout un panthéon qui jadis s'animait à la tombée du jour pour s'évanouir aux premières lueurs de l'aube. C'est ce que George Sand nomma *Les Visions de la nuit dans les campagnes* dans un essai nourri d'enquêtes qui fait d'elle une vraie folkloriste – ses légendes furent joliment illustrées par son fils Maurice.

Car il fut un temps où la nuit était habitée, où son mystère n'était pas violé par la fée Électricité, où le voyageur, paysan revenant de la foire ou d'un champ lointain, violoneux de retour de noces, pèlerin, marchand ou amoureux ayant trop tardé chez sa belle, où le voyageur, donc, s'agitait dans un monde de ténèbres, qu'une pauvre lanterne était bien en peine de transpercer. «*La nuit, ce n'était pas pour les chrétiens*, me dit un jour l'un de mes témoins de la plaine meusienne, Albert Richard. *C'était alors que sortaient les sorcières, les revenants, plein d'êtres bizarres, sans parler des loups et des brigands. Le jour, c'était le temps du Bon Dieu, la nuit, le temps du Diable.*»

Pour bien comprendre tout ce monde hantant nos chemins, nos bois, nos champs, nos fontaines, nos..., bref, notre vie, ou en tout cas celle de nos ancêtres, le folkloriste, le vrai, doit quitter son bureau, abandonner ses témoins au coin du feu, et seul, la nuit, par une route non éclairée, avec pour seule lumière une lanterne, aller à pied d'un village à un autre. Quelques kilomètres hors du temps, de préférence dans l'arrière-saison ou en hiver, quand souffle le vent, quand craquent les branches, quand battent les buissons, quand sortent les animaux nocturnes, quand retentit le cri de la chouette...

Cette expérience, je l'ai faite plusieurs fois, en Lorraine entre Breux et Avioth par exemple, ou entre Milly-sur-Bradon et Murvaux, ou encore dans les Vosges entre Gerbépal et Gérardmer, autour du lac de Retournemer, ou du lac Noir à Orbey, ou dans les campagnes de la Vôge... Dans la forêt des Ardennes entre Linchamps et Louette-Saint-Pierre, et de Pussemange à Sugny... J'ai erré au mont Sainte-Odile autour du Mur Païen, à Ribeauvillé sur le chemin des trois châteaux qui dominent la plaine alsacienne... Dans le Morvan aux environs de Quarré-les-Tombes, en Bourgogne dans les sentiers de La Rochepot... À Carnac une nuit de pluie... Près d'Avranches sous un orage illuminant le Mont-Saint-Michel... Dans les Monts d'Arrée... Dans le bourg castral de Rochecolombe... À La Chaumette, un village abandonné du causse de Mende... Dans des hameaux obscurs, hostiles, qui avaient tout de *La Cité de l'indicible peur...*

Sans ces kilomètres accrochés autant à ses chaussures qu'à son cœur, on ne comprendra jamais ce panthéon fantastique qui hantait les nuits de nos ancêtres. Car l'imagination palpite, bouillonne... De Linchamps, petit village des Ardennes françaises, à Louette-Saint-Pierre, petit village presque pareil mais situé dans les Ardennes belges, on ne met guère que quinze minutes en voiture. À pied, la nuit, avec ma pauvre lanterne, j'ai mis plus de deux heures, à l'affût des bruits de la forêt. J'ai distingué, sous un peu de lune, une ombre dansante qui s'évanouit comme par enchantement derrière un rocher. Un chevreuil, sans doute... Du ru Saint-Jean montaient des paquets de brume aux formes floues et mouvantes... Mais ce qui me surprit le plus, faisant monter en moi l'adrénaline, ce fut une simple bougie allumée à la fenêtre de la chapelle Saint-Jean, juste à la frontière. Pas dedans, mais dehors, sur l'appui de la fenêtre. Sans doute quelque pèlerin venu en fin d'après-midi, et qui, fâché de trouver porte close, avait choisi de laisser une bougie allumée à l'extérieur. Il n'était guère que 22 heures en ce soir de novembre, mais devant l'apparition je suis resté comme pétrifié. Comme je l'avais été, des années plus tôt, devant un feu follet dans les bois du Fond d'Oxhe...

Aussi suis-je armé pour comprendre les vieilles frayeurs, et ne surtout pas m'en moquer. Au contraire, j'ai pour elles une passion qui me fait les aimer et les collectionner, qui me fait les ramener chez moi, où je les chéris comme quelque amant jaloux. Enfin, jaloux... Plutôt partageur, quand même, puisque je vous convie à me suivre.

Car je vous dois un aveu : j'aime la nuit, parce qu'il existe maints endroits où elle a résisté au progrès, et où elle abrite dans sa noirceur de jadis le panthéon de nos ancêtres, où elle se fait conservatoire, comme quelque terrain oublié recèle des tessons de poterie en attente d'archéologues. Cette nuit-là, pour qu'elle nous parle, pour qu'elle nous montre ses secrets, il faut aller vers elle et l'aimer.

Si Maigret aime s'accouder au comptoir des petits bistrots, entendre lui-même les concierges et s'imprégner des lieux où quelque victime vécut, il ne dédaigne pas néanmoins ses fameux « sommiers », qui sont la mémoire de la police. Et le folkloriste, le vrai, celui qui cherche, a lui aussi des « sommiers » à sa disposition. Pour cela, le rat des champs se mue en rat des bibliothèques. Et s'il ne doit pas négliger les grands anciens sans cesse pillés, il doit surtout se pencher sur des filons trop souvent inexploités : les revues érudites, qui parurent jadis par dizaines – chaque département se devait d'en avoir une, sinon plusieurs – et qui sont de véritables mines d'or ; les monographies locales, où souvent un chapitre est consacré aux croyances et aux légendes ; les rapports des curés qui dorment dans les bibliothèques diocésaines ; les monographies des instituteurs rédigées en 1888-1889, à la demande du Ministère de l'Instruction publique qui entendait participer ainsi à l'Exposition universelle et au centenaire de la Révolution, et dont la majorité, à l'encre pâlie, n'a plus été lue depuis des décennies ; les papiers des chercheurs, qui prennent la poussière sur quelque étagère oubliée ou au fond d'une commode familiale...

Ce recueil est le fruit de ces multiples sources, orales, imprimées et manuscrites.

SAVOIR DE QUOI ON PARLE

Où l'auteur tord le cou à une trop belle histoire de Guy Breton et rend à Maupassant ce qui est à Maupassant

Quand un folkloriste se mêle d'Histoire, il se hasarde en terre sinon hostile, du moins peu accueillante. Certains historiens voient d'un mauvais œil un « amateur », surtout bardé du titre de « folkloriste », se risquer dans leur domaine réservé. Ce n'est pas le cas dans d'autres pays, où historiens, archéologues, toponymistes et folkloristes font bon ménage. Et fort heureusement il y a aussi des exceptions françaises, comme le Pr Jean Favier, président de la Bibliothèque nationale de France et de l'Académie des Inscriptions et Belles-Lettres – entre autres titres –, qui me fit l'honneur de préfacer mon livre *Quand l'histoire de l'Alsace devient légendes*[6].

Car l'Histoire, avec un grand h, et le folklore, qui est l'étude du savoir du peuple et donc surtout de l'oralité, sont proches cousins. Des batailles, des sièges, des duels, des assassinats, des massacres, des guerres, des épopées, des révoltes, des morts curieuses, des naissances heureuses, tout cela a été conté aux veillées, colporté de marché en foire, voyagé de bouche à oreille, pour quitter petit à petit l'Histoire et entrer dans la légende.

Je m'en suis tenu ici à un thème, celui de la mort, de l'au-delà et de ceux qui, pour diverses raisons, ne trouvent pas le repos et « reviennent ». Ce sont pour la plupart des « grands » de l'Histoire. Ici aussi on ne prête qu'aux riches. Parmi ces revenants, rien moins que Napoléon et Henri IV, Madame du Barry et Charles le Téméraire, Charlemagne et Jacques de Molay... Ceux qui ont marqué leur époque ont tendance, dans la tradition, à ne pas mourir. Ainsi, l'empereur germanique Barberousse, s'il s'est noyé en Turquie lors de la Troisième croisade en traversant un fleuve au nom imprononçable, Göksu Nehri, dort avec une suite de fidèles dans une caverne, sous une montagne au sud-est du Harz, le Kyffhaüser – une variante alsacienne le fait dormir sous le *Bibelstein*, dans la plaine de l'Ochsenfeld, je vous en parlerai plus loin.

Légende, évidemment... Mais ce qui hier était légende, de nos jours se nomme *mythe de la survivance*.

Aujourd'hui encore, ils sont nombreux à penser que Hitler n'est pas mort dans son bunker, mais qu'il a réussi à prendre la fuite. On l'a imaginé, on l'a « vu » partout, en Irlande et en Espagne, au Japon et en Argentine, au Brésil et à New York, dans une base secrète de l'Antarctique et Dieu sait où encore... Il y a même des sites qui prétendent que les soucoupes volantes sont des armes secrètes nazies ! Le FBI a officiellement recherché la trace du Führer jusque dans les années 1960. Des historiens souvent autoproclamés, des journalistes en quête de sensationnel ont clamé qu'il avait fui, avec le concours d'Hanna Reitsch, la célèbre et talentueuse aviatrice, ou

6 - Aux Éditions de La Nuée Bleue.

avec la complicité de l'amiral Dönitz qui mit à sa disposition un sous-marin, quand ce n'est pas avec le recours à un sosie ou l'aide des services secrets britanniques[7] !...

Une « historienne » brésilienne, Simoni Renee Guerreiro Dias, a même publié une photo, évidemment floue, d'un vieil homme au bras d'une femme noire : selon elle, cet Adolf Leipzig était bel et bien Adolf Hitler, mort à 95 ans après avoir bénéficié pendant des années de l'aide discrète du... Vatican. Cette brave dame, après un livre qui ne prouve rien, mais qui a beaucoup fait rire les vrais historiens, nous promettait une preuve par l'ADN. On l'attend encore[8].

Quant à un ancien de la CIA, Bob Baer, il a réuni une équipe pour tourner une série, *Hunting Hitler*, qui en 24 épisodes, de 2015 à 2018, a tenu en haleine bien des téléspectateurs..., mais sans apporter la moindre preuve d'une fuite.

Il n'y a pas que Hitler à jouer au mort-vivant : aux États-Unis, ils sont des millions à croire qu'Elvis Presley et Michael Jackson ne sont pas morts, et des milliers de sites Internet vous disent tout et son contraire, que l'un profite de la vie sur une plage déserte, que l'autre vit dans un ranch perdu au fin fond du Mexique, et même qu'ils sont ensemble et qu'ils préparent un album[9] !...

Ne nous moquons pas des Américains : en France aussi on a raconté beaucoup de bêtises après la disparition, le 1er novembre 1984, de Teddy Vrignault, l'un des Frères Ennemis, et plus encore à propos de Xavier Dupont de Ligonnès qui, s'il a raté sa vie, a réussi sa sortie.

Je m'en suis donc tenu ici à un thème, celui de la mort, de l'au-delà et de ceux qui, pour diverses raisons, ne trouvent pas le repos et « reviennent ». J'ai réuni une bonne soixantaine de récits, le plus souvent de tradition orale. Et s'il est question d'Histoire, n'en déduisons pas qu'ils sont anciens : la Dame verte de Mézangers a été vue par le grand-père de l'actuel propriétaire du château, et le cheval invisible qui galope dans le pays natal de Jeanne d'Arc a été entendu ces dernières années encore par plusieurs personnes bien vivantes dont je rapporte les témoignages.

J'ai conservé les récits les plus sourcés, j'ai donné la priorité à mes enquêtes, j'ai éliminé ce qui m'a paru littéraire ou inventé ; je n'ai pas retenu non plus l'histoire de ces deux Anglaises qui disent avoir vu Marie-Antoinette et d'autres personnes de sa suite lors d'une visite au Trianon en 1901. Et ce pour plusieurs raisons : leur livre, *An Adventure*, paru en 1911, ne m'a pas convaincu, comme à l'époque de sa parution il a laissé sceptiques bien des gens, doctes historiens et spécialistes du surnaturel pour une fois réunis ; ce livre a provoqué d'autres « visions » au même lieu, presque toutes ayant pour témoins des Anglais ; des enquêtes sérieuses, dont l'une menée par William H. Salter, ont démontré que le témoignage de 1901 s'est enrichi des recherches faites par ces deux Anglaises au fil des années ; enfin, même si on devait admettre l'authenticité de leur récit, Jean Cocteau, le préfacier

7 - Il existe bien des ouvrages sur la survivance de Hitler, où le pire voisine avec le meilleur. Le plus intéressant fut écrit par le professeur américain Donald M. McKale : *Hitler, The Survival Myth*, Lanham, Cooper Square Publishers Inc, 2001.

8 - Voir notamment *Le Point*, https://www.lepoint.fr/insolite/le-mystere-sur-la-mort-d-adolf-hitler-est-encore-relance-28-01-2014-1785271_48.php.

9 - Voir notamment : https://www.elle.fr/People/La-vie-des-people/News/Elvis-Presley-vivant-la-photo-qui-rend-ses-fans-fous-3412403 ; http://www.20minutes.fr/culture/musique/2117587-20170816-elvis-presley-quarante-ans-apres-mort-mythe-fait-toujours-recette ; https://www.paperblog.fr/149652/elvis-presley-serait-vivant ; https://jack.canalplus.com/ articles/lire/michael-jackson-aurait-59-ans-aujourdhui-vraiment-mort : *Le Nouvel Observateur*, n° 2369 du 1er avril 2010.

de la version française, défend une hypothèse qui sort de mon cadre : « *Si dans l'avenir les avions atteignent la vitesse de la lumière il leur faudra traverser son "mur" et peut-être passeront-ils dans un règne dont une porte s'est ouverte par erreur le 20 août 1901 pour Miss C.A.E. Moberty et Miss E.F. Jourdain*[10]. »

Les galéjades de Guy Breton

De même, je n'ai pas retenu l'histoire de ce jeune étudiant, Jean Romier, qui, le 2 juin 1925, dans un parc parisien dans lequel il cherchait la quiétude pour relire ses cours, fait amitié avec un vieillard « *vêtu d'une étrange redingote* », Alphonse Berruyer. Ils en viennent à parler musique, et le vieillard invite le jeune homme à un concert dans son appartement, rue de Vaugirard, au troisième gauche – aucun auteur rapportant cette histoire ne parle du numéro de l'immeuble : trop de précisions pourraient nuire.

Notre invité y trouve quelques personnes, converse, fait connaissance, écoute la musique, et fume..., non sans poser son briquet sur un meuble. Puis il s'en va. À peine est-il parti qu'il constate qu'il a oublié son briquet. Il remonte, frappe à la porte. Personne ne répond ! Il insiste, fait tant de bruit qu'un voisin intervient, puis qu'arrive le concierge. Romier leur affirme qu'il sort à l'instant de l'appartement, qu'il y a assisté à un concert, que les autres invités n'en sont pas encore sortis. Le concierge croit à un voleur ou à un fou et appelle la police. C'est que l'appartement en question est inhabité depuis des lustres... La police arrive, et Jean Romier est emmené au poste. Il insiste tant, décrivant ce qu'il a vu, parlant des personnes rencontrées, que le commissaire fait venir le propriétaire, un certain Mauger. Lequel dit que les personnes dont parle le jeune homme sont bien de sa famille, mais décédées depuis bien longtemps ! Dès le lendemain matin, tous retournent rue de Vaugirard :

« *On monte au 3e étage, et, sur le palier, Jean Romier dit :*

– Derrière cette porte il y a, dans l'entrée, une stèle avec une petite reproduction de la Victoire de Samothrace, un grand tableau représentant une marine et une console de marbre.

Mauger ouvre la porte qui grince, et l'étudiant en médecine est saisi : cet appartement si vivant, si chaud la veille au soir, est, ce matin, glacial, couvert de poussière et sent le moisi. Pourtant, là, dans l'entrée, il y a bien, comme il l'a dit, une stèle avec la Victoire de Samothrace, une marine et une console de marbre.

– Et maintenant, dit M. Mauger, où nous conduisez-vous ?

– Ici ! dit Jean Romier. Derrière cette double porte se trouve le salon où a eu lieu le concert. À droite, se trouve un piano à queue noir, à gauche une harpe... On ouvre la double porte. Dans le salon, dont les fauteuils sont recouverts de housses, il y a un piano à queue noir à droite et une harpe à gauche. Le commissaire, le propriétaire, le concierge commencent cette fois à être perplexes. Soudain, l'étudiant aperçoit un portrait au mur :

– Mais voici M. Berruyer.

– C'est en effet Alphonse Berruyer, mon arrière arrière-grand-père, dit M. Mauger.

– Et là, dit Jean Romier, dans ce médaillon, voici la photo du futur élève à l'École navale. Mauger paraît troublé :

10 – C.A.E. Moberty et E.F. Jourdain, *Les Fantômes du Trianon*, édition établie par Robert Amadou, Monaco, Éditions du Rocher, 1978, p. 7.

— C'est en effet mon grand-oncle qui est mort amiral, dit-il.

Jean Romier continue le tour du salon :

— Et là, c'est le portrait de Marcel Berruyer qui faisait son droit.

Le commissaire regarde M. Mauger. Celui-ci a pâli :

— C'est mon grand-père, dit-il. Il était avocat.

L'étudiant désigne maintenant un petit cadre de cuivre dans lequel se trouve une photo jaunie :

— Et voici le futur séminariste avec qui j'ai parlé jusqu'à minuit.

Cette fois, M. Mauger considère le jeune homme avec stupeur :

— C'est mon autre grand-oncle, dit-il. Il est mort en Afrique. Il était missionnaire. Mais comment savez-vous tout cela ?»

Comme dirait Coluche, « voilà une question qu'elle est bonne ! »

La fin du récit vaut son pesant de cacahuètes : *« Une émotion oppressante a gagné tout le groupe qui quitte le salon et se dirige silencieusement vers le petit salon-bibliothèque. Mauger ouvre la porte et demeure figé : là, sur un guéridon couvert de poussière, il y a le briquet de Jean Romier. »*

Ce n'est pas tout : dans « l'analyse » de l'histoire, l'on vous affirme qu'Einstein en personne s'est penché sur cette affaire - mais on ne cite évidemment aucune source - et surtout que le rapport fait par le commissaire - dont on évite de donner le nom... - figure dans les archives de la Préfecture de Police.

C'est Guy Breton qui a conté cette histoire que je viens de vous résumer avec quelques citations, d'abord en 1977 dans l'émission quotidienne *Le Temps de vivre* sur France Inter, animée par Jacques Pradel - Breton était sur antenne le plus souvent en alternance avec Louis Pauwels, coauteur du *Matin des magiciens* -, puis la même année dans *Histoires magiques de l'histoire de France*. Et il affirme donc l'avoir trouvée, écrit-il, *« dans les archives de la préfecture de police que j'ai eu l'autorisation, un jour, de consulter... »*

Depuis 1977 bien des auteurs ont recopié cette histoire, quelques-uns apportant un peu de leur sel. Et tous évidemment d'ânonner que cette histoire extraordinaire figure dans des archives officielles, à la Préfecture de Police. C'est vrai, puisque tous vous le disent !

Je me suis rapproché des services de la Préfecture de Police, et voici la réponse : les *« recherches effectuées dans nos inventaires, notamment dans la sous-série CB relative aux registres de main courante/procès-verbaux, et en particulier pour le quartier de Vaugirard, n'a pas permis de confirmer l'existence de ce procès-verbal. Par ailleurs, le nom de Jean Romier n'apparaît dans aucun de nos fichiers. »*

Dont acte ! On chercherait tout aussi vainement l'amiral ou l'avocat...

Et j'ajoute une pièce nouvelle à cette galéjade malhonnête : le début du récit est inspiré par une nouvelle de Guy de Maupassant, *Menuet*, recueillie dans les *Contes de la Bécasse*. Un jeune étudiant, Jean Bridelle, se promène tôt le matin dans un parc alors désert pour en goûter la quiétude et lire en paix.

« Mais je m'aperçus bientôt que je n'étais pas seul à fréquenter ce lieu dès l'ouverture des barrières, et je rencontrais parfois, nez à nez, au coin d'un massif, un étrange petit vieillard.

Il portait des souliers à boucles d'argent, une culotte à pont, une redingote tabac d'Espagne, une dentelle en guise de cravate et un invraisemblable chapeau gris à grands bords et à grands poils, qui faisait penser au déluge. »

Ce vieillard va lui parler de la danse qui fut sa vie, le menuet, et amener un jour son épouse pour lui en faire une démonstration.

« On » a repris le début, « on » a gardé la redingote et le prénom de l'étudiant, « on » a habilement remplacé le danseur par un amateur de musique, puis « on » a ajouté un concert « hors du temps » avant de citer une source qui n'existe pas et Einstein qui sans doute serait bien étonné de toutes les citations qu'on lui attribue depuis qu'il n'est plus là pour les démentir.

Bref, pour la gloriole et l'argent, « on » s'est moqué de l'auditeur, puis du lecteur.

Et maintenant, entrez, n'ayez pas peur !... Vous serez en bonne compagnie, dans les acteurs vous reconnaîtrez notamment Charlemagne et Napoléon, Madame du Barry et Jeanne d'Arc, Charles le Téméraire et Henri IV, le duc de Guise et Mazarin, et dans les témoins, outre ceux rencontrés lors de mes enquêtes, rien moins que Madame de Sévigné, Tallemant des Réaux, le marquis de Sourches, Sully, Saint-Simon, Alexandre Dumas, Claude Seignolle, Alphonse Boudard...

Guy de Maupassant, photographié ici par Nadar, fut bien involontairement à la base d'une imposture de Guy Breton – Collection de l'auteur.

DES NOUVELLES DE L'AU-DELÀ

Où l'auteur, avec Boccace, vous emmène
dans le Livradois et la Grande Champagne,
les Hautes-Vosges et la ville italienne de Sienne,
à l'écoute des morts qui respectent un serment

Que se passe-t-il après la mort? Le folklore a conservé quelques traces de ces messagers de l'au-delà. Ainsi, l'abbé Grivel, qui dans un ouvrage rarissime consacré au cœur du Massif central, le Livradois, relate cette anecdote:

Deux amis s'étaient juré entre eux qu'ils mettraient tout en commun en cette vie et en l'autre. L'un d'eux mourut, et trois jours après sa mort il apparaît à celui qui est encore de ce monde.

« De la part de qui viens-tu? lui dit celui-ci.

– De la part de Dieu et de l'amitié jurée.

– Que se passe-t-il dans l'autre monde?

– Tout est compté, rien n'est rabattu. »

Et le fantôme disparaît aussitôt. Instances, prières pour le rappeler et en savoir davantage, tout fut inutile. Le survivant se tint pour averti et profita du temps que la bonté de Dieu lui accordait pour mettre ses comptes en règle avant leur échéance inévitable.

Tout est su, tout est compté, rien ne peut être marchandé

À Segonzac, dans la Grande Champagne, en Charente, un soir qu'ils avaient un peu trop tâté de la bouteille, deux vignerons, Joseph et Jean, firent ce serment: le premier à mourir viendrait dire à l'autre comment est l'au-delà.

Les années passèrent, les deux vignerons avaient oublié ce serment, quand Joseph mourut.

Trois jours plus tard, Jean revenait de l'enterrement de son ami. Il allait pour se coucher, quand il entendit du bruit dans ses caves. Il descendit et trouva le fantôme de son ami, appuyé contre une barrique.

« N'aie pas peur, Jean! fit-il. Te souviens-tu du serment que nous avons passé, un soir de beuverie? Tu dois m'en délivrer, sinon nous serons tous deux damnés. Pour cela tu n'as qu'à lever la main droite en pensant à notre saint patron. »

Jean, tremblant, leva la main en invoquant saint Vincent.

« Voilà qui est bien... Je n'aurais pu te dire que des choses terribles. Sache seulement que là-bas, tout est su, tout est compté, rien ne peut être marchandé. Un litre d'eau dans une barrique de vin, c'est un an de purgatoire. J'en ai pour des siècles et des siècles... Fais dire une messe pour moi et ne triche plus. Même au fond de ces caves, on nous regarde et on nous juge. »

Le fantôme disparut sur ces paroles. Jean fit dire plusieurs messes, devint généreux à la quête du dimanche, et ne mit plus d'eau dans son vin.

Vigneron dans sa cave, huile sur toile de Joseph-Noël Sylvestre
– Musée des Beaux-Arts de Béziers.

«Un litre d'eau dans une barrique de vin, c'est un an de purgatoire.» Gravure de Jacques Laignet vers 1660 – Collection de l'auteur.

Nous serons damnées toutes les deux

«*Les mystères d'outre-tombe ne peuvent être dévoilés*», affirme le folkloriste Léopold-François Sauvé, qui conte cette histoire:

Deux jeunes filles parlaient souvent entre elles de revenants.

«Je serais curieuse de voir quelle tournure ils ont, disait l'une, et pourtant j'aurais grand'peur.

– Moi de même, reprenait l'autre; j'aurais froid dans le dos, mais n'importe!

– Si tu le veux, nous nous ferons une promesse: la première de nous qui mourra reviendra apporter à l'autre des nouvelles de l'autre monde.

– C'est convenu.»

À peu de temps de là, l'une des jeunes filles mourut. Le soir qui suivit l'enterrement, la survivante venait à peine de se mettre au lit et d'éteindre sa chandelle, lorsque la morte, toute blanche, se dressa devant elle.

«Grand Dieu! s'écria la pauvrette, en jetant les bras en avant, comme pour repousser l'apparition.

– Garde-toi de me toucher, fit la morte, et tutoie-moi, comme par le passé. Ne me reconnais-tu pas?

– Si fait, mais éloignez-vous, j'ai peur.

– Rentre tes bras sous tes couvertures et tutoie-moi, te dis-je.

– Que me veux-tu?

– Que tu me délies du serment que nous nous sommes fait naguère, et que tu ne m'interroges pas sur les mystères de l'autre monde. Si tu exiges que je parle, nous serons damnées toutes les deux.»

Le récit de Boccace

Dans *Le Décaméron*, Boccace (1313-1375) évoque déjà pareille promesse et conte l'histoire de deux jeunes hommes de Sienne, Tingoccio et Meuccio, qui s'inquiètent fort de ce qui se passe après la mort. «*Désirant être renseignés d'une manière certaine sur tout cela, et ne sachant comment, Ils se promirent l'un à l'autre que celui qui mourrait le premier, reviendrait, si c'était possible, trouver celui qui serait resté vivant, et lui donnerait des nouvelles de ce qu'il désirait savoir; ils s'engagèrent par serment à faire ainsi.*»

Tingoccio mourut le premier et tint sa promesse:

«*Meuccio demanda alors en détail à Tingoccio quelle peine on infligeait là-bas pour chacun des péchés qui se commettent ici, et Tingoccio les lui dit toutes. Puis Meuccio lui demanda s'il voulait qu'il fît quelque chose pour lui sur la terre. À quoi Tingoccio répondit que oui, à savoir qu'il fît dire pour lui des messes et des prières et qu'il fît faire des aumônes, pour ce que ces choses aident fort ceux qui sont là-bas.*

Meuccio dit qu'il le ferait volontiers ; et comme Tingoccio allait le quitter, Meuccio l'interrogea sur le fait de coucher avec des « commères ». — Mon frère, comme j'arrivai là-bas, j'en trouvai un qui paraissait savoir tous mes péchés par cœur, et qui m'ordonna d'aller en un lieu où je devais pleurer mes fautes au milieu de grands tourments ; là, je trouvai de nombreux compagnons condamnés à la même peine que moi ; et, comme je me tenais parmi eux, me rappelant ce que j'avais fait avec la commère et attendant pour ce péché une peine plus grande encore que celle qui m'était imposée, bien que je fusse en un grand feu très ardent, je tremblais cependant de peur. Ce que voyant, quelqu'un qui était à côté de moi dit : — Qu'as-tu fait de plus que les autres qui sont ici, que tu trembles étant dans le feu ? — Oh ! dis-je, mon ami, j'ai grand'peur du jugement auquel je m'attends pour un grand péché que j'ai commis autrefois. Il me demanda alors quel péché c'était. À quoi je dis : — Ce péché fut celui-ci : Je couchais avec une mienne commère, et j'y ai tellement couché que j'y ai laissé la peau. Alors, lui, riant de cela, me dit : — Va, sot que tu es, ne crains rien ; ici l'on ne tient aucun compte des commères. Ce qu'entendant je fus complètement rassuré. Cela dit, et le jour s'approchant, Tingoccio ajouta : — Meuccio, adieu, car je ne puis plus longtemps rester avec toi. Et soudain il disparut. »

La Danse de la Mort, œuvre de l'artiste allemand Josef Kaspar Sattler (1867-1931) – Bibliothèque municipale de Colmar.

ENCORE DES NOUVELLES DE L'AU-DELÀ

Où l'auteur vous emmène en Alsace, en Beaujolais et dans le Luberon, et enfin dans un cloître de Pont-à-Mousson, sur les traces de messagers revenus d'entre les morts

En 1882, Julie Vollenweber conta ceci à Jean Variot. Ce récit, et le suivant, sentent la mémoire celte à plein nez. On rencontre de ces fantômes, présages de mort prochaine, dans *La Légende de la mort chez les Bretons armoricains*, d'Anatole Le Braz.

Un travailleur des vignes rentrait chez lui, à la nuit tombée. Au croisement de deux chemins, il y avait un calvaire qu'il saluait deux fois chaque jour, respectueusement, le matin en se rendant à son travail, le soir en retournant à sa maison. Ce soir-là, il faisait des comptes dans sa tête, calculant ce qu'il gagnerait pour sa famille, pendant l'hiver. Il oublia de saluer Jésus-Christ. Alors, il s'entendit appeler par son nom. Interloqué, il se retourna et vit une forme assise au pied du calvaire ; cela le fit trembler. Il voulut s'enfuir, mais ses forces l'abandonnèrent. La voix reprit : « Ô mon fils, pourquoi ne salues-tu plus l'image du Sauveur ? Approche et n'aie pas peur. »

L'homme reconnut sa mère, qui était morte l'année précédente. « Place-toi bien droit devant le Christ, mon fils, et demande-lui pardon. Après quoi, nous allons réciter ensemble un chapelet. »

Claquant des dents, il récita tous les *Pater* et tous les *Ave* du chapelet. Quand ce fut fini, le fantôme sourit et dit : « Tu m'as sauvée. À présent, je puis entrer au Ciel sans me disputer avec saint Pierre. Mais songe à mettre tes affaires en ordre. Bientôt, tu m'auras rejointe ! »

L'homme se trouva seul devant le calvaire, et regagna péniblement sa demeure. Il mourut peu de jours après, et comme on le mettait en terre, une colombe vint voler au-dessus des fossoyeurs.

Le vigneron de Romanèche-Thorins

J'ai recueilli une histoire assez voisine dans le Beaujolais, à Romanèche-Thorins :

C'est l'histoire d'un vigneron. Il a travaillé jusqu'au crépuscule dans ses vignes, et il rentre chez lui. Avant son village, il y a un carrefour, avec un calvaire. Il fait déjà bien sombre, mais il semble bien au vigneron qu'une forme blanche est assise au pied du calvaire. C'est curieux et il se demande si ce n'est pas là quelque malandrin venu le guetter. Il assujettit sa serpette dans la main et avance. Il est à quelques pas seulement du calvaire quand la forme se lève : « Bonsoir, mon fils. Tu travailles bien tard, à ce que je vois. »

C'est la mère du vigneron, morte un an auparavant. Il tremble de tous ses membres, il se demande s'il doit fuir ou avancer.

« N'aie aucune crainte, mon fils.

— Je... Je... Je ne sais que dire. As-tu besoin de quelque chose ? De messes ?

— Tu en as fait déjà assez, bien assez. Dieu m'a permis de venir te prévenir : dans trois jours, tu mourras. Je sais, c'est bien jeune, et tu ne t'y attendais pas. Paie ton fermage, règle tes dettes, et je te promets que tu seras auprès de moi, en Paradis. Ensemble nous allons réciter un *Pater.* »

Le vigneron claquait des dents, oubliait la moitié des mots d'une prière quotidiennement psalmodiée.

« C'est bien, mon fils, très bien. Je te dis à bientôt. »

Et la forme disparut, comme du brouillard sous le vent.

Le vigneron rentra chez lui. Il mit ses affaires en ordre. Il alla se confesser et conta l'apparition au curé, qui ne sut trop qu'en penser. Pourtant, comme prévu, trois jours après cette rencontre, comme midi sonnait, il tombait raide.

On plaignit sa femme et ses jeunes enfants. On lui fit un bel enterrement. Toute la paroisse était là, même les mécréants et les esprits forts. Des vignerons étaient venus des villages voisins. Tous virent que, quand on le mit en terre, une blanche colombe vint survoler la fosse.

Bien impudent est le mortel qui croit savoir où il ira

Mon ami Jean-Paul Clébert, qui avait quitté Paris pour s'installer dans le Luberon quand ce n'était pas encore à la mode, m'a rapporté cette histoire qu'il entendit à Oppède :

Devant une bouteille de vieux bordeaux, deux curés discutent gaiement. Ils parlent de leur paroisse, des travers de leurs ouailles, de cette Troisième République qui défie Dieu...

« Au moins nous, sommes-nous des hommes de Dieu. Notre voie est tracée, dit l'un.

— Est-ce si sûr ? Qui sait ce qui nous attend après la mort ?

— Nous sommes pourtant bons chrétiens...

— Qui sommes-nous pour en juger ? »

Le silence se fit, pesant.

« Allons, reprit le premier, nous allons nous promettre une chose : le premier d'entre nous qui ira rejoindre le Seigneur reviendra dire à l'autre comment est le paradis. »

Quelque temps plus tard, celui qui pensait sa voie toute tracée mourut. La nuit même, il apparut dans la chambre de l'autre curé :

« Je suis venu te dire une seule chose : bien impudent est le mortel qui croit savoir où il ira, bien imprudent est le mortel qui veut savoir une vérité qui n'est pas à sa portée. Prie pour moi, j'en ai grandement besoin, et ne sois sûr que d'une seule chose, c'est que nous ne sommes que poussières dans une balance qui sait peser le Bien et le Mal. »

Jean-Paul Clébert a souvent entendu cette histoire dans son petit pays. Parfois, le narrateur lui disait le nom du village, Oppède le plus souvent, mais aussi Ménerbes, Beaumettes ou Mallemort, voire celui des curés. Ceux qui dataient leur récit le situaient à la fin du XIXe siècle ou au tout début du XXe. Si beaucoup n'y voyaient qu'une légende, une historiette, ils étaient quelques-uns à penser qu'il y avait là un fond de vérité...

Le Vin du curé, huile sur toile d'Ernest Meissonier – Musée des Beaux-Arts de Reims.

En lisant Dom Calmet

L'histoire qui suit est présentée non pas comme une légende, mais comme un fait bien réel. On connaît la date : 1602 ; le lieu : le cloître de l'abbaye de Pont-à-Mousson ; le personnage principal : un jésuite, le père Pierre Sinson, célèbre prédicateur de son temps. Elle est rapportée par Dom Augustin Calmet, qui vécut de 1672 à 1757. Cet érudit lorrain devint l'abbé de Senones en 1728. Il a laissé une œuvre aussi variée que riche, tant en histoire qu'en théologie, qui aujourd'hui encore fait référence. Et aussi un livre curieux sur les anges, les démons, les esprits, les revenants et les vampires, et si à en croire le titre son ouvrage concerne des terres de l'Est de l'Europe, il ne manqua pas de citer quelques exemples bien lorrains.

Or donc, la canicule frappait Pont-à-Mousson. Le père Sinson quitta sa chambre pour marcher un peu, pieds nus, dans la fraîcheur du cloître, du côté de l'église. C'est alors qu'apparut un spectre d'une grandeur plus qu'humaine, qui voulut lui parler. Par signes, le père Sinson expliqua qu'il ne pouvait rompre le silence de la nuit sans permission, mais que si le spectre voulait revenir la nuit suivante, il demanderait la permission et lui parlerait. Voilà une conversation bien civile…

La nuit suivante, le spectre fut fidèle au rendez-vous et dit au père Sinson qu'il avait des choses très secrètes à lui dire.

« Je ne puis les recevoir sous le secret, répondit-il, *à moins que vous ne me permettiez de le découvrir à mon supérieur.»*

Le spectre accepta et ensemble ils eurent une longue conversation. Plus d'une heure durant, ils parlèrent. Plus tard, quand le supérieur demanda de quoi il avait été question, le père Sinson répondit qu'il avait entendu des choses terribles et effrayantes, sans vouloir donner le moindre détail. Le supérieur n'insista pas. Le père Sinson vécut encore de nombreuses années, mais il restait frappé d'une si grande terreur qu'il eut toujours l'esprit un peu aliéné.

Qu'avait bien pu lui révéler le spectre du cloître ?...

Dom Augustin Calmet en la bibliothèque de l'abbaye de Senones, gravure vers 1750 – Collection de l'auteur.

Cloître de l'abbaye de Pont-à-Mousson – Wikimedia Commons.

LES SPECTRES DU PALET DE SAMSON

Où l'auteur vous emmène en Haute-Ariège, à la rencontre d'une fille de druide parricide et d'un guerrier gaulois sacrifié

Sem est un tout petit village perdu dans la Haute-Ariège. Il manqua bien de mourir quand, en 1929, fermèrent les mines de fer de Rancié, qu'on exploitait depuis l'Antiquité. Aujourd'hui, le village ne compte plus guère qu'une vingtaine d'habitants, alors qu'à la fin du XIXe siècle les Sémois étaient près de 500. Sans le *Palet de Samson*, sans doute n'attirerait-il personne. C'est un bloc erratique aux faux airs de dolmen. La tradition rapporte qu'il servit de palet à Samson, un géant biblique qui doit beaucoup à Hercule et qui concurrence en nos terroirs notre bon Gargantua.

Non loin de là se trouve un gouffre qui fait l'objet d'une légende bien curieuse : dans la nuit du 1er au 2 novembre, apparaissent près du *Palet de Samson* deux spectres. L'un est une dame blanche, dans laquelle on voit la fille d'un druide ; l'autre est un guerrier gaulois. Ce dernier fut sacrifié sur la pierre par le druide, et son corps jeté dans le gouffre. Quand la fille apprit que son père avait tué l'homme qu'elle aimait, elle le poignarda. Puis elle courut jusqu'au gouffre dans lequel elle se jeta pour rejoindre son amoureux.

Il est difficile d'admettre que cette légende date des temps gaulois, sans doute fut-elle imaginée au XIXe siècle, quand folkloristes, historiens et archéologues voyaient dans les dolmens des « pierres druidiques » utilisées pour les sacrifices humains.

À droite :
Pour son livre *Histoire de France des Gaulois à la chute de la monarchie*, Louis-Pierre Anquetil recourt aux clichés de son temps, quand on ignorait encore que le temps passé entre le dernier dolmen et le premier druide se comptait en siècles – Collection de l'auteur.

Ce n'est d'ailleurs pas ici un dolmen, mais
un bloc erratique. Cette photo a été prise
en septembre 1882 par Eugène Trutat
– Collection de l'auteur.

LES CAVALIERS SANS TÊTE

Où l'auteur vous emmène au pays des Lingons, en Haute-Marne, où les Romains eurent bien cruelle vengeance

La conquête de la Champagne – enfin, du territoire qui aujourd'hui constitue la Champagne – ne fut pas une promenade de tout repos. Si les Rèmes se jetèrent dans les bras de la louve romaine, les Lingons, eux, leur donnèrent du fil à retordre. Pourtant, ils avaient rapidement fait allégeance à Rome, au point de combattre à leurs côtés lors de la bataille de Vesontio. Puis vint le chef lingon Sabinus, qui avec le Batave Caius Julius Civilis dirigea la grande révolte de 69-70, qui échoua. Si le Batave réussit à rentrer dans les bonnes grâces de Rome, Sabinus, lui, dut se cacher durant neuf longues années. Dans les environs de Langres, à proximité de la source de la Marne, on montre encore la grotte dans laquelle, selon la tradition, le fugitif s'abrita. Dénoncé, capturé, il fut conduit devant Vespasien – oui, celui pour lequel l'argent n'a pas d'odeur. Sa femme Éponine – rare prénom qu'on ne retrouve guère que dans *Les Misérables* – eut beau plaider la grâce de son mari, rien n'y fit, ce qui prouve que malgré les années passées Sabinus était encore bien craint.

La mémoire collective haut-marnaise a gardé le souvenir des batailles entre Romains et Lingons. Ainsi, à Auberive, voyait-on jadis des dames blanches lavandières. Il y en avait beaucoup, alors, dans tous les pays de France, de ces lavandières plus ou moins maudites. Mais celles d'Auberive étaient des Gauloises lavant le corps des guerriers gaulois tombés au combat…

À Rolampont, le plateau du Mont-Vengé devrait son nom à de terribles représailles. Les Romains y avaient établi leur camp. Une nuit, ils furent surpris par un fort parti de Gaulois insurgés. Ce fut un massacre, à l'aube des dizaines, voire des centaines de légionnaires gisaient sur le sol. Les Gaulois avaient pris la fuite, mais les Romains venus au secours de leurs camarades se mirent à leur recherche et découvrirent leur camp. Ils l'attaquèrent en force, férocement. Dans leur soif de vengeance, ils ne firent aucun prisonnier et achevèrent les blessés. Puis ils décapitèrent les cadavres et attachèrent ces pauvres corps pantelants sur des chevaux qu'ils lancèrent dans les campagnes.

La vision de ces cavaliers sans tête terrorisa les habitants, qui se gardèrent bien de penser à se rebeller contre Rome.

Des siècles durant, dit-on, on vit, à la brune, cette chevauchée fantastique de cavaliers sans tête et couverts de sang, qui parcourait dans un impressionnant silence les environs de Rolampont, de Charmoilles et de Lannes. Plusieurs voyageurs attardés furent surpris par ces revenants, mais on n'a pas souvenir qu'ils leur firent du mal.

En souvenir de cette vengeance diabolique, on donna au mont où apparaissaient le plus souvent ces cavaliers décapités le nom de *mont Vengé* ou *Venge*. On y a érigé une grande croix et une statue de la Vierge. Pour purifier les lieux ?...

Éponine et Sabinus vus par Nicolas-André Monsiau, 1802 – Musée Rolin, Autun.

Les légionnaires de Lafrimbolle...

À Lafrimbolle, en Moselle, les vestiges de la voie romaine étaient encore assez visibles avant la Révolution. Et, à cette époque, des voyageurs attardés jurèrent leurs grands dieux qu'ils avaient vu une colonne de légionnaires romains, à pied, en armes, qui marchaient dans le plus grand silence avant de se fondre dans la nuit.

... et de Desnié

Ces mêmes apparitions fantomatiques sont signalées un peu partout, et notamment en Grande-Bretagne, à Chester, Tanyfron et York (où des légionnaires à pied et un officier à cheval furent vus par plusieurs témoins dans les années 1950), et en Wallonie : non loin de Spa, à Desnié, « *passe une ancienne voie romaine, nommée La Vecquée (...) Les paysans de l'endroit vous diront que, certaines nuits, ils aperçurent les légions romaines défiler sur la. chaussée. Le cliquetis des armes était bien perceptible, et, chose singulière, les pieds des légionnaires ne foulaient point la chaussée, mais semblaient s'agiter, à quelques centimètres du sol, sans jamais le toucher. On eût dit des fantômes marchant sur des nuages à ras de terre.* »

Double-page suivante :
En 1909, le curé de Charmoilles – le village rejoindra Rolampont en 1972 – remplace la vieille croix purificatrice par une statue de la Vierge qui, placée au sommet d'un socle de pierres, au bout du plateau maudit, domine le village qu'elle semble prendre sous sa protection – Photo Valeriia Taran.

LES SARRASINS À MONBON

Où l'auteur vous emmène aux confins de la Haute-Vienne et de l'Indre, où les Sarrasins massacrèrent de pauvres gens, et en Savoie, où ils erraient encore il y a seulement un siècle

On le sait, les invasions des Sarrasins, venus d'Espagne, furent stoppées en 732 lors de la bataille de Poitiers. La tradition en a gardé quelques souvenirs le plus souvent tragiques. Ainsi, le sort réservé à ces paysans dans leur refuge :

« À l'extrémité du village de Monbon, derrière la maison du sieur Redon, est un petit jardin fort en pente, comme suspendu sur le rocher escarpé qui domine le moulin et la rivière de Benaize. Dans ce petit jardin et tout près de la maison, était une excavation dans le fond de laquelle une ouverture de 1 m de haut sur 80 cm de large, et taillée en cintre, donnait entrée dans un souterrain qui s'étend sous la maison. En 1816, le propriétaire a comblé le trou et y a planté une treille qui marque sa place. Jusqu'à cette époque l'entrée était libre, et les enfants du village y entraient fort souvent, mais sans pénétrer bien profondément, effrayés qu'ils étaient par les récits de leurs parents, qui n'osaient pas y faire de recherches. Personne n'y est entré avec de la lumière ; mais, d'après les pierres qu'on y lançait, il ne devait pas avoir moins de huit mètres de profondeur sur une largeur bien moindre ; la hauteur serait de 1,60 m, la voûte taillée en cintre dans le roc, qui est un schiste à couches verticales de natures diverses ; la roche dominante, quartzeuse et feldspathique, est très dure et entremêlée de bancs de brouette schisteuse à grains fins assez friables, et d'un autre schiste un peu micacé, d'une dureté intermédiaire entre les deux précédentes.

Il y a peu d'années, une petite ouverture s'étant faite dans la chambre et sous le lit de Redon, il y enfonça une petite perche à la profondeur de trois mètres, et pensa qu'elle pénétrait dans le souterrain. Là se bornèrent toutes ses recherches ; il ferma l'ouverture et repava sa chambre.

Voici ce que rapporte la tradition qui effrayait tant les habitants de Monbon, et dont nous venons de parler. Ce souterrain était une cachette où les habitants s'étant retirés, furent découverts par les Sarrasins, qui, y étant entrés, les massacrèrent tous, et les ossements des victimes sont encore dans la retraite ; à une certaine profondeur, et à droite, il y aurait un autel. Tel est le rapport des habitants actuels ; mais aucun n'a rien vu ni visité avec une lumière. Cependant cette tradition, toute imparfaite qu'elle est, nous donnerait l'idée de la destination de ces cavités, qui devaient servir à se cacher ou à célébrer quelque mystère religieux. »

Monbon (ou Montbon) est une dépendance de Saint-Martin-le-Mault. Cette tradition est fort ancienne : elle est notamment rapportée par E. de Beaufort au milieu du XIXe siècle, dans une petite plaquette, tiré-à-part d'un bulletin de la Société des Antiquaires de l'Ouest.

Les Sarrasins de Bozel

On sait que la tradition a attribué aux Sarrasins des monuments anciens, remontant souvent aux Gaulois ou aux Romains, ou plus récents, comme la tour des Sarrasins à Bozel, en Savoie, qui ne semble pas antérieure au XIIe siècle. Toujours est-il qu'ici on la relie aux Sarrasins, qu'on dit qu'ils occupèrent longtemps le pays, qu'on les vit dès 730, et que, revenus au début du Xe siècle, ils y restèrent plus de cent ans. Et on ajoute que longtemps on vit leurs fantômes errer le long du Bonrieu. Certains brandissaient un cimeterre flamboyant. Puis, un curé étant venu bénir les lieux, on ne les vit plus.

La tour des Sarrasins, chargée de mille souvenirs – Photo B. Brassoud.

Ce qui est ancien et point trop beau est souvent attribué aux Sarrasins : ainsi, à Clermont-Ferrand, rue Rameau, ces vestiges du temple de Vasso Galate, devenu « Mur des Sarrasins » – Wikimedia Commons.

LE FANTÔME DE CHARLEMAGNE

Où l'auteur vous emmène en Alsace, où le fantôme de Charlemagne se souvint que de son vivant il combattait les Saxons

Murbach, près de Guebwiller, est un lieu où l'on respire l'Histoire. Partout vous vous heurtez aux souvenirs de la puissante abbaye bénédictine fondée en 728. La visite de l'ancienne abbatiale Saint-Léger est pleine de surprises, même pour le folkloriste. Ainsi, on y trouve le gisant du comte Eberhard, qui date de la fin du XIIIe siècle. Allez savoir pourquoi, on finit par voir dans ce tombeau celui de saint Corneille, le protecteur des jeunes filles en quête d'un mari. Et les candidates au mariage venaient parfois de bien loin pour prier devant ce qu'elles croyaient être le tombeau du bon saint... Pour s'assurer la réussite de leur pèlerinage, elles ne manquaient pas de frotter le nombril du gisant. Curieuse tradition qui sent bon les croyances pré-chrétiennes...

Mais à Murbach, vers 1880, circulait une autre croyance encore, que je n'ai trouvée ni chez Stoeber, ni chez Variot, ni chez Stintzi, et qui figure dans les papiers du folkloriste René Stiébel, qui s'intéressait tant à l'Alsace. J'y lis ceci : « *À Murbach, on vit il y a peu un fantôme de blanc vêtu qui tournait aux alentours de l'ancienne église abbatiale. Quelques personnes assurèrent qu'il s'agissait du fantôme de Charlemagne, sorti de son repos par l'annexion à la Prusse.* »

Et voilà une jolie rencontre entre folklore et Histoire...

À gauche :
Les reliques de Charlemagne reposent dans une châsse, en la cathédrale d'Aix-la-Chapelle, ou Aachen, en Allemagne – Wikimedia Commons.

À droite :
L'abbaye de Murbach – Photo Jean-Claude Truong-Ngoc.

RAYMOND DIOCRÈS

Où l'auteur vous emmène à Notre-Dame de Paris, où un défunt dit à tous ce qu'il advint de son âme

Il existe peu de textes sur ce miracle dont l'un des témoins fut pourtant le futur saint Bruno, fondateur de l'Ordre des Chartreux – du nom du massif où il s'installa avec l'accord de l'évêque de Grenoble. J'extrais la relation de ce miracle d'un livre peu connu de Monseigneur Louis-Gaston de Ségur, *L'Enfer* :

« *Dans la vie de saint Bruno, fondateur des Chartreux, on trouve un fait étudié à fond par les très doctes Bollandistes, et qui présente à la critique la plus sérieuse tous les caractères historiques de l'authenticité ; un fait arrivé à Paris, en plein jour, en présence de plusieurs milliers de témoins, dont les détails ont été recueillis par des contemporains, et enfin qui a donné naissance à un grand Ordre religieux.*

Un célèbre docteur de l'Université de Paris, nommé Raymond Diocrès, venait de mourir, emportant l'admiration universelle et les regrets de tous ses élèves. C'était en l'année 1082. Un des plus savants docteurs du temps, connu dans toute l'Europe par sa science, ses talents et ses vertus, et nommé Bruno, était alors à Paris avec quatre compagnons, et se fit un devoir d'assister aux obsèques de l'illustre défunt.

On avait déposé le corps dans la grande salle de la chancellerie, proche de l'église de Notre-Dame, et une foule immense entourait le lit de parade où, selon l'usage du temps, le mort était exposé, couvert d'un simple voile.

Au moment où l'on vint à lire une des leçons de l'Office des morts qui commence ainsi : "Réponds-moi. Combien grandes et nombreuses sont tes iniquités", une voix sépulcrale sortit de dessous le voile funèbre, et toute l'assistance entendit ces paroles : "Par un juste jugement de Dieu, j'ai été accusé". On se précipite ; on lève le drap mortuaire : le pauvre mort était là, immobile, glacé, parfaitement mort. La cérémonie, un instant interrompue, fut bientôt reprise ; tous les assistants étaient dans la stupeur et pénétrés de crainte.

On reprend donc l'Office ; on arrive à la susdite leçon "Réponds-moi." Cette fois, à la vue de tout le monde, le mort se soulève, et d'une voix plus forte, plus accentuée encore, il dit : "Par un juste jugement de Dieu, j'ai été jugé", et il retombe. La terreur de l'auditoire est à son comble. Des médecins constatent de nouveau la mort. Le cadavre était froid, rigide. On n'eut pas le courage de continuer, et l'Office fut remis au lendemain.

Les autorités ecclésiastiques ne savaient que résoudre. Les uns disaient : "C'est un réprouvé ; il est indigne des prières de l'Église". D'autres disaient : "Non, tout cela est sans doute fort effrayant ; mais enfin, tous tant que nous sommes, ne serons-nous pas accusés d'abord, puis jugés par un juste jugement de Dieu ?" L'évêque fut de cet avis, et, le lendemain, le service funèbre recommença à la même heure. Bruno et ses compagnons étaient là comme la veille. Toute l'Université, tout Paris était accouru à Notre-Dame.

L'Office recommence donc. À la même leçon: "Réponds-moi", le corps du docteur Raymond se dresse sur son séant, et avec un accent indescriptible qui glace d'épouvante tous les assistants, il s'écrie: "Par un juste jugement de Dieu, j'ai été condamné", et retombe immobile.

Cette fois il n'y avait plus à douter. Le terrible prodige constaté jusqu'à l'évidence n'était pas même discutable. Par ordre de l'évêque et du Chapitre, on dépouille, séance tenante, le cadavre des insignes de ses dignités, et on l'emporte à la voirie de Montfaucon.

Au sortir de la grande salle de la chancellerie, Bruno, âgé alors d'environ quarante-cinq ans, se décida irrévocablement à quitter le monde, et alla chercher, avec ses compagnons, dans les solitudes de la Grande-Chartreuse, près de Grenoble, une retraite où il pût faire plus sûrement son salut, et se préparer ainsi à loisir aux justes jugements de Dieu.

Certes, voilà un réprouvé qui "revenait de l'enfer", non pour en sortir, mais pour en être le plus irrécusable des témoins.»

Pour l'anecdote, Mgr de Ségur était le fils du comte Eugène de Ségur et de Sophie Rostopchine, la célèbre comtesse de Ségur.

Si cette histoire est peu connue en France, on la connaît mieux dans les pays anglo-saxons, depuis le livre plusieurs fois réédité de Mary Ann Schimmelpenninck, *Select Memoirs of Port Royal*: elle est ainsi relatée dans la troisième édition, publiée en 1829, et a été reprise – et parfois arrangée – par plusieurs auteurs.

La Conversion de saint Bruno devant le corps de Diocrès, huile sur toile de Vincenzo Carducci, vers 1626-1632 – Musée du Prado, Madrid.

LE BÛCHER DES CATHARES

Où l'auteur vous emmène au château de Montségur en Ariège, où la fin des Cathares marqua les esprits

Les ruines du château de Montségur, dans l'ancien comté de Foix, sont un haut lieu du catharisme. Faut-il, comme certains auteurs l'avancent, y voir la cachette du fameux Graal ? Rien n'est moins sûr, et sur les Cathares, Montségur ou le Graal, on a dit et écrit bien des bêtises. Plongez-vous dans les œuvres d'Antonin Gadal, Otto Rahn, Jean Markale... Plus sérieux, René Nelli, Jean Duvernoy, Jean-Louis Biget, Michel Roquebert, Pilar Jiménez-Sanchez...

Or donc, en 1244, la forteresse de Montségur tombe. Les Cathares qui ne voulurent pas renier leur foi furent enfermés dans un vaste enclos ceint de bois secs. Ils furent ainsi plus de 200 à périr dans les flammes, sous les yeux des « bons » catholiques.

Les nuits d'orage, le voyageur égaré ou témérairement curieux aurait pu voir un cortège de spectres. C'était, menés par Esclarmonde de Foix, la fille du comte de Foix, celle-là même, dit-on, qui avait relevé Montségur pour en faire une forteresse cathare, les fantômes des malheureux défenseurs du château, tombés au combat, mêlés aux infortunés morts dans les flammes. Ce funèbre cortège descendait des ruines de Montségur jusqu'à une grotte proche, où, disait-on, des trésors étaient dissimulés, puis jusqu'à un lac aux eaux noires, près du pic de Saint-Barthélemy. À l'aube, il s'évanouissait.

Esclarmonde, disait-on encore, reposait dans les eaux du lac. Si on y jetait une pierre, l'âme de la malheureuse se manifestait en provoquant un violent orage. Au milieu des éclairs, dans le vent, on voyait une forme blanche : c'était Esclarmonde la Cathare...

Le château de Montségur, à visiter en hiver, ou très tôt le matin, quand dans le silence des lieux gémit le passé – Photo Lucas Destrem.

LA DAME DE KERPRIGENT

Où l'auteur vous emmène au château de Kerprigent, à Lannion en Côtes-d'Armor, où une gente dame attend bonne justice

Ce fut ainsi de tous temps : quand le mari est absent, rôdent les prétendants. Surtout quand le mari en question est bien loin, guerroyant quelque part en Terre sainte. Qui sait même s'il reviendra ?

Et donc, le seigneur du Bois-Lou, qui avait jugé plus prudent de rester chez lui plutôt que de courir les routes, venait conter fleurette à la dame de Kerprigent. En vain ! La belle était fidèle. Aussi, las d'être éconduit, le seigneur vexé sortit un poignard et en donna plusieurs coups à cette femme qui osait refuser ses avances.

Le corps de la malheureuse fut trouvé au pied de son lit, baignant dans une mare de sang. Bien évidemment, elle eut droit à des obsèques religieuses, mais l'on dit que depuis lors, et jusqu'à la fin des temps, elle hante son château, parce que jamais elle ne fut vengée : son mari ne revint pas, aucun membre de sa famille n'osa défier le seigneur du Bois-Lou. Qui lui, du moins selon la tradition, semble reposer en paix, puisque jamais on ne vit son fantôme.

À moins qu'il ne soit dans quelque marmite infernale, payant ses péchés...

Le château de Kerprigent, une nuit d'hiver 2012 – Wikimedia Commons.

LE FANTÔME DU DERNIER GRAND MAÎTRE DE L'ORDRE DU TEMPLE

Où l'auteur vous emmène
en vallée de Meuse, aux confins des Vosges et de la Haute-Marne,
puis au pays de Nied et à Paris,
sur les traces de Jacques de Molay

Jacques de Molay naquit à Molay, en Haute-Saône, vers 1243, pour mourir sur le bûcher, à Paris, en 1314. Emprisonné dès 1307, torturé, humilié, selon la tradition il maudit le roi et le pape sur son bûcher, affirmant l'innocence du Temple. Quelques mois plus tard, roi et pape mouraient à leur tour. Voilà sans doute qui frappa l'imagination populaire et permit à Maurice Druon d'entrer à l'Académie française.

Par contre, comment le fantôme de Jacques de Molay a-t-il échoué à environ 80 km de son village natal, aux confins de la Haute-Marne et des Vosges, entre Harréville-les-Chanteurs et Bazoilles-sur-Meuse ? Nul ne peut le dire. Il n'y eut, à en croire les archives parvenues jusqu'à nous, aucun établissement templier ni à Harréville, ni à Bazoilles. Par contre, les chevaliers teutoniques eurent dans ce village vosgien quelques biens. Sans doute ne faut-il pas chercher plus loin : la tradition confondit Teutoniques et Templiers. Après tout, c'étaient tous des moines-soldats, et, en France, un moine-soldat, un *moine rouge*, c'était avant tout un Templier.

En contradiction flagrante avec l'Histoire, la légende nous dit d'abord que Jacques de Molay se cacha près de Bazoilles-sur-Meuse, à la roche aux Fées. C'est, dans une falaise en bord de Meuse, une grotte qui fut occupée dès la préhistoire. Il y vécut des années, en proscrit, et y mourut. Pour preuve, on vous montre une marque dans la roche, faite, vous dit-on, par le fugitif.

Vue romantique de Jacques de Molay sur le bûcher, XIXe siècle – Collection de l'auteur.

Autre vue du Templier sur le bûcher, cette miniature réalisée après 1380 illustre *Les Grandes Chroniques de France* ou *Chroniques de Saint-Denis* – British Library, Londres.

Une autre tradition conte que les Templiers se réunirent secrètement dans cette grotte, réunion présidée rien moins que par le Grand Maître. Lequel, affirme-t-on, jura abominablement – on retrouve ici un des traits prêtés aux Templiers – et lui et l'âne sur lequel il était juché furent pétrifiés. L'on montra longtemps, sur la paroi de la grotte, à gauche de l'entrée, une sorte de haut relief naturel qui, avec beaucoup de bonne volonté, représentait très vaguement un homme à cheval sur un âne. Aujourd'hui, le temps et surtout les intempéries ont altéré la pierre.

Une autre tradition, encore, dit que la grotte serait reliée par un souterrain à la forteresse de La Mothe, ce symbole de la liberté lorraine face aux envahisseurs – en l'occurrence, ici, les Français, qui rasèrent jusqu'aux fondations fortifications, maisons et église.

Dans les environs de la grotte, on trouve la trace d'habitats anciens, et le lieu porte le nom de : *les Templiers*. Il ne s'agit pas vraiment de ruines, mais d'un ensemble de murs dont souvent il ne reste que les fondations. Le tout donne l'idée d'une enceinte appuyée contre une falaise assez élevée dominant la vallée.

Non loin de ces traces de plus en plus victimes de la végétation, on montrait jadis, entre la route nationale et le bois d'Harcourt, de larges dalles de pierre plates. Ce lieu, aujourd'hui indécelable, se nommait *le Temple*.

Enfin, autre lieu, dans les champs, là où se rejoignent les limites des communes de Pompierre, Bazoilles et Harréville, se voyaient les fondations d'un bâtiment qui, disait-on, avait appartenu aux Templiers. L'abbé Richard, curé d'Harréville de 1835 à 1875, s'est intéressé à ce site, qu'il a soigneusement mesuré : vingt-sept mètres de longueur, douze de largeur, avec trois pièces pavées en pierre de Chalvraine d'une épaisseur de quatre centimètres.

Près de la grotte coule la Meuse, dans un couloir assez encaissé qui donne à ce site une beauté sauvage. Et, dans la Meuse même, le lieudit *la Fosse aux Cloches* fait l'objet d'une légende classique : on y aurait jeté les cloches d'une abbaye voisine – nos ruines, peut-être – aujourd'hui disparue, et, certains jours de l'année – on ne sait plus exactement quand –, on entend les cloches sonner au fond de l'eau.

Bref, trois sites liés aux Templiers sinon par les archives, du moins par la tradition, une fosse où reposeraient des cloches, et une grotte où se réunirent les Templiers et où Jacques de Molay vécut caché selon les uns, fut pétrifié selon les autres. C'est beaucoup pour une seule petite région.

Et ce n'est pas encore assez, puisque la tradition rapporte que depuis lors, entre Bazoilles-sur-Meuse, Harréville-les-Chanteurs et Pompierre, le voyageur attardé peut rencontrer sur son chemin un cavalier revêtu d'une grande cape, certains disent noire, d'autres blanche, d'autres encore

Bazoilles-sur-Meuse, un soir d'hiver – Wikimedia Commons.

rouge. Mais tous sont formels : ce cavalier mystérieux, qui jamais ne fait le moindre mal aux voyageurs, est le fantôme de Jacques de Molay. Sur les minuit, on le voyait parfois, ombre dans la nuit, faisant boire son cheval dans le Mouzon, près du fameux pont où en 577 se réunirent trois des petits-fils de Clovis : Gontran, roi de Burgondie, y fut le médiateur entre Chilpéric Ier, roi de Neustrie, et Sigebert Ier, roi d'Austrasie.

La voiture lancée au grand galop

Alors, le fantôme de Jacques de Molay hante-t-il ce petit coin de la Meuse vosgienne ? Non, à en croire une autre tradition qui situe ce fantôme à l'autre bout de la Lorraine, à Pontpierre. On remarquera la similitude du nom *Pontpierre* avec le *Pompierre* voisin de Bazoilles-sur-Meuse ; cela peut être une simple coïncidence, mais peut-être aussi l'explication d'un fantôme-voyageur, une légende ayant influencé ou fait naître l'autre.

Voilà encore un lieu où le souvenir des Templiers est vivace, à un point tel qu'au début du XIXe siècle on entreprit à grands frais des fouilles, certains qu'on était de découvrir... le trésor des Templiers. Évidemment, on ne trouva rien, que quelques médailles, des pavés et des poids.

Mais certains disaient dès le début des fouilles qu'elles seraient vaines, non pas qu'ils étaient sûrs que le trésor des Templiers n'existait pas ou se trouvait ailleurs, non, mais parce qu'à Pontpierre le trésor est protégé par les fantômes des Templiers.

Et de conter l'histoire d'un homme, voyageant de nuit, qui se noya dans la rivière. Il y avait été attiré, assurait-on, par la voix d'un Templier, un fantôme, bien sûr. D'autres voyageurs également attardés - peut-être parce qu'ayant trop traîné au bistrot - ont vu devant leur voiture se dresser un homme armé de pied en cap. Encore un Templier.

Mais le plus spectaculaire était une magnifique voiture arrivant au grand galop, et précédée d'un piqueur soufflant dans une conque. C'était, disait-on en se signant, le fantôme de Jacques de Molay visitant ses domaines.

Venait-il de Paris, cet indiscret fantôme? Car, selon le *Guide de la France mystérieuse*, Jacques de Molay hanterait aussi la place Dauphine et le Pont-Neuf.

Non seulement les Templiers sont parmi nous, mais leur dernier Grand Maître est un peu partout...

Un peu partout, et même avec un retour aux sources, puisque la tradition populaire évoque le fantôme de Jacques de Molay, revêtu de son manteau blanc à la croix rouge, errant sur la butte où se trouve l'église de Laitre et aux environs. On le voyait la nuit du 18 mars – selon les historiens, le dernier Grand Maître fut brûlé le 11 ou le 18 mars 1314 -, suivant les voyageurs attardés en soupirant fort. Cette tradition est encore vivace, et fut tout récemment encore recueillie par M. Sylvain Charles, le passionné bouquiniste de Fayl-Billot, qui habite un village voisin. Cette église date du XVIIIe siècle, et aurait été bâtie sur l'emplacement d'un temple gallo-romain – Photos Valeriia Taran.

Vue aérienne du site de Laitre, avec le village de Molay en contrebas et le mont de La Roche en arrière-plan. Dans le village on trouve un château très délabré, que la tradition, souvent fâchée avec la chronologie, dit être celui de Jacques de Molay – Photo Mairie de Molay.

LA VENGEANCE DU TEMPLIER MORT DE FAIM

Où l'auteur vous emmène
aux confins du Puy-de-Dôme et de la Loire, en Forez,
où un Templier trouva bien male-mort avant de se bien venger

Du puissant château de la Roue, à Saint-Anthème, dans le Puy-de-Dôme, ne subsistent qu'un peu du mur d'enceinte et le donjon, qui fut restauré au XIXe siècle. Il abrite une légende qui fut collectée au milieu du XIXe siècle dans le village voisin de Lerigneux :

« *C'était au temps où le roi de France avait fait brûler tout vivants, sur une place de Paris, de riches chevaliers, nommés Templiers, car ils étaient accusés des pires méfaits. La veille du supplice, l'un d'eux nommé Balthazar avait pu s'enfuir et il avait couru bien des villages, des manoirs et des chaumières avant d'arriver en Auvergne. Un soir, il arriva à la porte de ce château, mais il savait que le seigneur n'était point étranger à la condamnation de ses frères et, craignant les pires traitements, il chercha un recoin désert pour s'y reposer. C'est ainsi qu'il arriva au pied de la tour du Nord, qui servait de prison et trouva les clefs sur la porte. Il s'empressa d'y monter et parvint dans une grande chambre ronde où, à la clarté de la lune, il vit sur le plancher des chaînes et le squelette d'un pauvre prisonnier mort dans les fers. Peu rassuré, le chevalier n'avait pas le choix, aussi il s'installa comme il put et chaque nuit, au douzième coup sonné par le beffroi, il descendait dans le jardin cueillir quelques fruits pour subsister. Bientôt, cette ressource vint à lui manquer. Alors, il prit son courage à deux mains et décida d'aller trouver le châtelain et de lui tout avouer. Il descend l'escalier et arrive au bas des marches, mais la porte était refermée. En vain appelle-t-il. Nul ne répond. Il ouvre la fenêtre, mais les barreaux de fer résistent à ses efforts. Soudain, il aperçoit une corde pendante qui met en branle une cloche et il se met à sonner désespérément. Rien ne répond, la tour sera son tombeau.*

Les jours ont passé, maintenant, quand vient minuit, le Templier défunt sonne un glas qui vient troubler le sommeil du châtelain que la vieillesse n'a pas rendu meilleur. Par une nuit noire, le chevalier du Temple lui est apparu en grand costume de son ordre : "Infâme, cria-t-il d'une voix caverneuse, tu m'as laissé mourir de faim, la justice divine va me venger !". Et tours, bastions, rempart de s'écrouler en écrasant sous leurs ruines le mauvais baron. Depuis, le Templier ne sonne plus sa cloche et n'est jamais revenu, car le bon Dieu l'a mis dans son paradis et le châtelain en enfer. »

DES MILLIERS DE FANTÔMES ÉPOUVANTÉS VÊTUS D'UNE LONGUE ROBE ROUGE DE SANG

Où l'auteur vous emmène en Woëvre, en Petite Montagne du Jura et en Picardie, où les Templiers ont laissé bien mauvaise réputation

Boire comme un Templier... Gros comme un Templier... Ces dictons connus un peu partout en France voisinent avec le germanique *Tempelhaus*, qui désigne une maison mal famée. Les Templiers ont marqué le folklore de leur empreinte. Bien malgré eux, d'ailleurs... Dans toutes les provinces de France, même celles qui au temps des Templiers n'étaient pas encore françaises, comme la Lorraine ou la Franche-Comté, la légende rapporte quelques-uns des faits des « moines rouges », les moindres n'étant pas l'enlèvement de jolies jeunes filles et la ruse des chevaux ferrés à l'envers.

Bien entendu, c'est leur arrestation par Philippe le Bel, en 1307, qui a le plus marqué les esprits. Le peuple jalousait ces trop riches propriétaires terriens, qui n'étaient plus, mais plus du tout, de pauvres chevaliers du Christ, mais des hommes d'affaires avisés en passe de devenir les maîtres de l'Europe.

Voici comment ils sont perçus dans la tradition orale :

Mme Rose Derouet, dans sa cuisine, hésite beaucoup. « *Oui, c'est une histoire de dans le temps... Mais j'ai beaucoup oublié, vous savez... Enfin, on dit qu'ici il y avait une sorte de château des Templiers... D'ailleurs, le village s'appelle Doncourt-aux-Templiers ! Donc, il y avait des Templiers. C'étaient des moines, mais c'étaient surtout des sacrés paillards ! Y avait un des Templiers, il avait depuis longtemps remarqué la fille d'un fermier, la Marie, qui était si belle... Évidemment, il ne pouvait pas être question d'un mariage ! Et la jeune fille était sage, elle avait bien compris pourquoi ce Templier lui tournait autour, mais elle faisait bien attention de ne jamais être seule avec lui. Pourtant, un jour d'été qu'elle gardait son troupeau, la Marie a été surprise par le Templier. Il lui a sauté dessus, a retroussé ses jupes, mais la Marie ne se laissait pas faire. On suppose qu'elle s'est battue, parce qu'on a retrouvé son corps, le visage en sang, les yeux pochés, les lèvres fendues... Sur ses cuisses, y avait du sang.*

Ceux qui ont trouvé le corps ont prévenu le père et ses fils. Ils ont compris tout de suite. Ils sont allés au château des Templiers, et un serviteur qui était du village leur a dit que le Templier venait juste de partir en direction de Toul. Ils l'ont suivi, ils ont même retrouvé ses traces, mais ils n'ont pas pu le rejoindre.

Il paraît que les Templiers, pour tromper leurs ennemis, ils ferraient leurs chevaux à l'envers.

Voilà, c'est comme ça que la Marie est morte... Le Templier, je crois bien qu'il n'est jamais revenu. Puis c'étaient des gens puissants, un pauvre fermier, il ne pouvait pas faire grand-chose contre eux, hein?

On dit aussi que même s'ils payaient bien, les Templiers, ici, ils ne trouvaient pas facilement des servantes. C'est que les pauvres, elles passaient de lit en lit, elles étaient obligées, et une fille qui avait travaillé chez les Templiers, même avec une bonne dot, elle ne trouvait pas un mari.»

Les Templiers ravisseurs de jeunes filles

Mme Juliette Goyat, de Saint-Julien, dans le Jura, avait entendu parler de quelques histoires qu'on attribuait aux Templiers qui, assure-t-on, eurent un fort château dans le village voisin, Montagna-le-Templier – dans l'imagination populaire, les biens templiers, commanderies, fermes ou granges, ont une curieuse tendance à se fortifier.

«Ah! on en disait! on en disait... On disait que ces Templiers-là, c'étaient des brigands, qui vivaient de rapines, qui buvaient, qui se goinfraient, et qui surtout aimaient beaucoup les jeunes filles. Malheur à celles qui se trouvaient sur leur chemin! Si elles avaient jolie allure et belles formes, hop! elles étaient embarquées manu militari *et jamais on ne les revoyait.*

Les Templiers étaient les seigneurs des environs. Ils avaient instauré une coutume qui faisait murmurer: chaque jeune fille qui désirait se marier devait passer huit jours chez eux, pour apprendre ses devoirs d'épouse, disaient-ils. En fait, quand la jeune fille arrivait, on lui faisait jurer sur la Bible que jamais elle ne révélerait ce qui allait se passer pendant ces huit jours. Et la pauvrette devait partager la couche des Templiers, un par un, et parfois à plusieurs. Elle était si honteuse, et puis elle avait juré, que de retour chez elle elle n'osait rien dire.

Pourtant, on finit par le savoir. Quelques hommes s'armèrent et attaquèrent par surprise le château, qui bientôt fut pris. Mais les Templiers avaient pris la fuite. On leur donna la chasse, mais jamais on ne les retrouva: on sut plus tard que ces malins-là avaient ferré leurs chevaux à l'envers. On croyait les poursuivre, on s'en éloignait.»

Les moines à la Croix-Rouge

Ce qui m'amène à une légende située à Beaucourt-sur-l'Hallue, non loin d'Amiens, légende collectée par É. Henry Carnoy en 1879:

«Du temps des moines à la Croix-Rouge, lorsqu'une jeune fille d'un des villages dépendant du couvent désirait se marier, elle était tenue de passer quinze jours dans le monastère des Templiers. C'était, disaient ces derniers, pour qu'elle pût y apprendre la tenue du ménage, la cuisine et aussi les devoirs de la femme envers son mari. Dès que les jeunes filles s'étaient rendues au couvent, les chevaliers de la Croix-Rouge n'avaient rien de plus pressé que de les faire servir à satisfaire leurs passions et, malgré les larmes et les protestations des malheureuses jeunes femmes, elles devaient passer par les volontés de leurs maîtres et seigneurs. Les quinze jours écoulés, on renvoyait les fiancées à leur famille et la plupart n'osaient rien rapporter de ce qui leur était arrivé chez les Templiers. Mais plusieurs d'entre elles, à peine échappées des mains des moines, n'avaient pu supporter leur déshonneur et étaient allées se précipiter dans

une petite rivière passant près de là, dans l'Hallue.

Bien souvent on peut entendre des gémissements, la nuit, dans la vallée de l'Hallue ou sur le Mont-Rôti ; ce sont ces jeunes filles qui reviennent pleurer au lieu qui vit leur mort et leur déshonneur.

Le soir, dans le bois de Beaucourt ou sur le Mont-Rôti, les passants attardés entendent de longs gémissements et des cris confus de rage et de désespoir. On raconte que ce sont les chevaliers à la Croix-Rouge qui reviennent chaque nuit pleurer dans ces bois les crimes commis sur les jeunes filles et tous leurs attentats inconnus. Ils doivent ainsi rester jusqu'à la fin du monde.

Parfois aussi on entend un bruit de pas, de feuilles froissées, de branches violemment écartées, de galop insensé, de cris, de sanglots, de hurlements, et si la lune est dans son plein, on aperçoit des milliers de fantômes, vêtus d'une longue robe rouge de sang, poursuivis par une troupe de jeunes filles échevelées, vêtues de longues robes blanches ; les fantômes, épouvantés, s'enfuient à travers les taillis, toujours poursuivis par les spectres, qui ne sont autres que ceux des jeunes filles qui, autrefois, se noyèrent de désespoir dans l'Hallue quand les Templiers leur eurent fait violence. »

Jacques de Molay, vu en 1806 par Fleury François Richard, dit Fleury-Richard (1777-1852) – Musée des Beaux-Arts de Lyon.

QUAND LES TEMPLIERS FONT APPEL AU DIABLE

Où l'auteur vous emmène dans les pays de Sierck et de Brive-la-Gaillarde, où des Templiers eurent mauvaise idée de faire appel au Diable

Angelika Merkelbach-Pinck fut sans conteste la grande folkloriste du pays mosellan de langue germanique. Malheureusement, son œuvre, en allemand ou en platt, si elle est de grande qualité, a l'inconvénient de ne pas être en français. Aussi, bien des folkloristes de France ne la connaissent pas, ou ne connaissent que de mauvais résumés ou de piètres traductions. J'ai consulté ses textes, et, dans *Volkssagen aus Lothringen*, la légende d'Arnold le Templier a retenu mon attention. Je n'ai pas voulu faire n'importe quelle traduction, et ai confié ce soin à un érudit de Bitche, M. Bernard Robin, qui à sa connaissance du terrain et de l'œuvre de Merkelbach-Pinck ajoute une parfaite maîtrise du français, de l'allemand et du platt.

Voici donc l'histoire du diabolique Arnold et du château de Meinsberg, à Manderen :

Cela fait des siècles que l'on raconte, à la veillée, de génération en génération, l'histoire du fondateur du château de Meinsberg. Au début du XVe siècle[11], le chevalier templier Arnold obtint du duc Charles l'autorisation de bâtir un nouveau château à Meinsberg, à la place de l'ancien. Les travaux débutèrent aussitôt sous la direction d'Arnold. Un jour, alors qu'il voulait payer ses ouvriers, l'argent vint à lui manquer, car il était assez prodigue et avait dissipé une grande partie de son héritage de diverses façons, même au jeu. Les ouvriers refusèrent de continuer les travaux. N'ayant plus d'argent et ne sachant plus quoi faire, il lui vint l'idée d'appeler le Diable à l'aide. Sitôt dit, sitôt fait. Lorsque cette même nuit les douze coups de minuit retentirent, un petit homme noir sortit soudain du sol devant lui et demanda :

« Arnold, chevalier du Temple, tu m'as appelé. Que veux-tu de moi ? »

Arnold, sans trop réfléchir, répondit :

« Je souhaiterais que tu me donnes encore quarante années à vivre et que durant ce temps, je trouve toujours une pièce d'or dans ma poche chaque fois que j'y mettrai la main. Après ce délai, tu pourras faire de moi ce que tu voudras.

— Accepté ! » cria le petit homme, qui disparut sous terre aussi vite qu'il en était sorti.

Le chevalier mit la main dans sa poche et effectivement il y trouva une pièce d'or, et à chaque fois qu'il y plongeait la main, il trouvait une nouvelle pièce. Dans ces conditions, il put reprendre les travaux de son château. Dès le lendemain, non seulement on reprit l'ouvrage,

11 - Ne m'écrivez pas : je sais qu'au XVe siècle il n'y avait plus de Templiers, mais le folklore ne respecte pas toujours la chronologie officielle.

mais le chantier avança rapidement, car les ouvriers comprirent vite qu'ils étaient aidés dans leur tâche par une force surnaturelle.

Quand la construction fut terminée, le chevalier se mit à festoyer outrageusement avec ses hommes. Il buvait copieusement, jouait aux dés et menait une vie dissolue. Malgré les recommandations du prêtre attaché au château, il allait très peu à l'église. Quant aux vilaines rumeurs qui remontaient jusqu'au maître de l'Ordre, il les réfutait avec fureur, assurant qu'il ne s'agissait que de calomnies.

Bien plus vite qu'on ne le pense vint le terme des quarante ans. Arnold ne pensait plus à son contrat avec le petit diablotin. Il s'entretint cette nuit-là comme d'habitude avec ses compagnons, passant le temps à jouer aux dés et à boire. Quand sonna minuit, les verres s'entrechoquèrent. Les invités décidèrent de rester toute la nuit jusqu'aux premières lueurs de l'aube et ses nouveaux plaisirs. Des coups furent soudain frappés à la porte. Un inconnu se présenta, bien habillé, et les serviteurs le laissèrent entrer. Quand il pénétra dans la salle des fêtes, une puissante odeur de soufre se répandit autour de lui. Il promena un sourire narquois sur les invités ivres et sur leurs jeux. Il s'approcha d'Arnold et demanda à ceux qui étaient assis à ses côtés :

« Messeigneurs, lorsque vous achetez un mouton, n'achetez-vous pas en même temps sa peau et sa laine ? – Si fait ! » répondirent-ils, interloqués.

L'inconnu se tourna alors vers Arnold et dit : « Par conséquent, non seulement ton âme m'appartient, mais aussi ta peau ! »

Au même moment, les vêtements lui tombèrent du corps et apparut un horrible démon qui se saisit d'Arnold, vola avec lui au-dessus du tumulte des invités, et disparut.

La grande salle s'écroula. Ni mortier, ni ciment ne parvinrent depuis cette funeste nuit à tenir les pierres ensemble.

Il arrive parfois qu'à minuit on aperçoive une lumière dans les murs et qu'une pauvre voix implore : « Ayez pitié de moi ! »

De nos jours, le château de Meinsberg s'appelle Marlborough ou Malbrouck, du nom du général anglais qui s'en allait en guerre, on le sait, et qui y séjourna lors de sa campagne contre Louis XIV. Et sans doute la malédiction du Diable a-t-elle cessé, car, ces dernières années, le Conseil Général de la Moselle a restauré le château et en a fait un des fleurons du tourisme culturel lorrain.

Le château de Meinsberg, au soleil de janvier 2008 – Photo Wolfgang Staudt.

Le commandeur de Varetz

Les Templiers, à cause de la propagande faite lors de leur arrestation, ont mauvais renom en folklore, c'est peu dire, vous l'avez vu plus haut. Ainsi, on vous le dit et répète, en Corrèze, à Varetz : on y trouve, au sommet d'une petite colline qui domine la vallée de la Vézère, un imposant bâtiment datant des Templiers et qui est parvenu jusqu'à nous sans trop de dommages – la chapelle a disparu, lors de travaux on retrouva ses fondations avec des murs épais de deux mètres.

Dire qu'ils n'ont pas laissé un bon souvenir serait en-dessous de la vérité, pourtant, il fallait bien s'en accommoder : ils étaient puissants et la paroisse de Varetz était à eux.

Justement, un jour, ils eurent à réparer l'église paroissiale qui partaient pierre par pierre. Leur commandeur, loin de faire appel à de bons et honnêtes ouvriers, chargea le Diable de la restaurer. Le Diable vint voir le saint lieu et se dit que le plus facile était de le mettre par terre pour le reconstruire ensuite. Même lui fut bien marri de voir une église en aussi triste état, c'est vous dire !

Il fit les travaux contre l'âme du commandeur. Quand il vint la chercher, celui-ci chercha à gagner du temps, promettant de suivre le Diable s'il voulait bien lui accorder un petit délai. Le Diable, peu pressé, accepta. Mais, à sa troisième visite, comme le commandeur voulait un nouveau délai, le Diable ne s'en laissa pas plus conter : il prit le Templier sous le bras et s'en alla sans autres manières. Et il paraît qu'on prie aussi bien dans une église construite par le Diable que dans une autre, de facture plus... orthodoxe.

Et le commandeur, me direz-vous ? Sans doute cuit-il dans quelque chaudron infernal ? Ce n'est pas sûr : le long de la Vézère, jadis, on voyait une ombre portant blanche cape, le spectre du commandeur se lamentant sur son marché diabolique.

L'église de Varetz, aux origines diaboliques
– Photo Père Igor.

Le long de la Vézère n'erre plus le Templier maudit
– Photo Père Igor.

LES TEMPLIERS DE GAVARNIE

Où l'auteur vous emmène avec un Russe et une Anglaise en une curieuse église des Pyrénées où sont conservés des crânes plus curieux encore

L'église de Gavarnie abrite dans une sorte d'armoire plusieurs crânes. La tradition affirme que ce sont ceux de Templiers décapités sur l'ordre de Philippe le Bel. Vrai ? Faux ? À vrai dire, les historiens ne sont même pas sûrs de l'origine templière de l'église et nombreux sont ceux qui avancent que c'était là un bien des Hospitaliers.

Quant aux crânes, si tout le monde peut les voir et donc attester de leur existence, le bruit court dans les environs que dans les années 1950 encore le fossoyeur du village en remplaçait de temps en temps un, jugé usé par le temps, par un crâne « plus frais » qu'il puisait sans plus de façon dans son cimetière.

L'origine templière de ces crânes figure notamment dans le beau livre du comte Orloff, un érudit russe qui visita les lieux – et bien d'autres – au début du XIXe siècle : « *On montre dans ce temple aux yeux du voyageur, après huit*[12] *siècles qu'elles ont été séparées des corps auxquels elles tenaient, douze têtes des héroïques et malheureux Templiers, qui furent, d'après une ancienne tradition, décapités dans ces lieux mêmes, qui jadis leur appartenaient.* »

En note, le comte Orloff rapporte que cette origine est discutée : « *Cette tradition historique, généralement répandue dans les Pyrénées, a été adoptée par plusieurs écrivains, parmi lesquels est M. Ramond. D'autres la traitent de fable.* »

Vingt ans plus tard, c'est une Anglaise qui vient se promener à Gavarnie où elle visite « *the little old church to inspect the skulls called "les crânes des douze Templiers" who are said to have been behended by order of Philippe-le-Bel. Whether true or false, they are the only antiquities here – the church being*

12 – En fait, cinq siècles.

1

2

1. Dans une église des Pyrénées, une armoire bien innocente… – Photo Jean-Bernard Soubirous.
2. Mais une fois ouverte, l'Histoire vous regarde et vous fige… – Photos Jean-Bernard Soubirous.

comparatively modern » - « la petite église ancienne pour examiner les crânes qu'on appelle "les crânes des douze Templiers" dont on raconte qu'ils ont été décapités sur ordre de Philippe le Bel. Vrai ou faux, ce sont les seules antiquités du lieu, l'église étant, par comparaison, moderne ».

Ce dernier jugement est hâtif, mais le témoignage sur les crânes est précieux.

Une légende devait accompagner ces crânes. On conte donc que, chaque année, la nuit de l'abolition de l'Ordre, un chevalier armé de toutes pièces et portant le manteau blanc à la croix rouge apparaît dans le cimetière, et crie trois fois : « Qui défendra le saint Temple ? » Les crânes alors semblent revivre et par trois fois répondent : « Personne ! Personne ! Le Temple est détruit ! »

Cette version de la légende est imprimée notamment en 1855 par Henri Martin, dans sa monumentale *Histoire de France depuis les temps les plus reculés jusqu'en 1789*, en 1863 par G. Bascle de Lagrèze, dans son *Histoire religieuse de la Bigorre*, – tous deux écrivent que la question posée est : « Qui défendra le saint Temple ? Qui affranchira le sépulcre du Seigneur ? » – et en 1868 par le folkloriste et révérend anglais Wentworth Webster (1828-1907), qui se pencha avec talent sur la littérature orale du peuple basque.

Une version plus ancienne encore est rapportée par Alexandre Du Mège dans *Archéologie pyrénéenne* : « *La chapelle du Temple à Valcabrère, faisait partie d'un vieux château nommé Castelbert ou château vert, à cause du lierre qui en recouvre presque tous les murs. Il appartenait aux chevaliers de la milice du Temple. Une ancienne tradition, consignée dans plusieurs manuscrits, annonce que tous les sept ans, pendant la nuit qui correspond à celle qui précéda l'entrée de Saladin dans Jérusalem, l'Ancien du Temple, le vieux Commandeur, quitte son sépulcre, monte sur la terrasse du donjon et s'écrie : "Solime ! Solime ! Solime !"*

Les échos répètent les accents du vieux Commandeur. Il appelle les chevaliers, il les conjure de marcher vers la Judée. Une voix fait entendre ces mots : "L'Ordre est détruit ! Les Frères ont été massacrés !"

La voix qui répond à l'ancien du Temple est celle de l'un des chevaliers dont les têtes desséchées sont conservées dans l'église de Gavarnie. Le vieux Commandeur pousse de longs gémissements, et après avoir fait pendant deux heures les prières les plus ferventes, il rentre dans son tombeau. »

En grès rose, de plan circulaire, le curieux *temple de Lanleff* a excité les imaginations. Temple gaulois ou romain pour les uns, baptistère mérovingien pour les autres, c'est en fait une ancienne église romane, que certains attribuent aux Templiers. On y a d'ailleurs vu, jusqu'à la Grande Guerre, un revenant vêtu d'un long manteau blanc. Il est aussi signalé dans les environs du tumulus de Tossen-ar-Run, dans le village voisin d'Yvias – Photo Hugues Mitton.

LA FILLE DU BOULANGER

Où l'auteur vous emmène
en Alsace
à la rencontre de grands de l'Histoire

1866 : c'est à cette date où l'Alsace était encore française que parut un précieux livre. Œuvre de l'abbé Charles Braun, né à Guebwiller quelque quarante-six ans plus tôt, il porte un titre qui déplut plus tard aux folkloristes qui pour des raisons politiques, voire patriotardes, cherchaient à celtiser une Alsace qui, pays d'entre-deux, a qu'on le veuille ou non une part germanique. Jean Variot, qui publia sur l'Alsace juste après la Grande Guerre, n'hésite d'ailleurs pas à affirmer que l'Alsacien est le « *type parfait du Celte*[13] ».

Le titre, donc : *Légendes du Florival, ou la mythologie allemande dans une vallée d'Alsace*. Et on y lit notamment :

« *Sur l'Ochsenfeld, c'est l'empereur Barberousse qui dort sous le* Bibelstein.

Tout cela s'explique. Les noms changent et se succèdent, le mythe reste, et de tous les grands noms de l'histoire, c'est presque toujours le dernier qui efface les autres, à moins que l'un d'eux, par suite de circonstances locales, ne se soit gravé plus profondément dans la mémoire du peuple. Au dieu primitif a succédé le demi-dieu, puis quelque grand roi, illustre guerrier (...) ».

13 - Jean Variot, *Légendes et traditions orales d'Alsace*, tome premier, *Strasbourg*, Paris, Georges Crès et Cie, 1919, p. 9.

Braun aurait pu ajouter qu'une grande bataille se devait de « capter » un grand guerrier : c'est sur l'Ochsenfeld – « *la terre par excellence des légendes* » selon Armand-Ignace Ingold, alors notaire à Cernay –, qu'eut lieu une des batailles les plus meurtrières entre Romains et Germains, entre César et Arioviste.

Jean Variot insiste sur le fait que l'empereur « *repose vivant* » et ajoute : « *Quand toute la campagne est silencieuse et quand on applique l'oreille contre la pierre, on entend sa barbe pousser.* »

La même légende existe en Allemagne ; la version la plus connue dit que Barberousse dort dans une grotte sous une montagne de Thuringe avec quelques-uns de ses meilleurs chevaliers. Quand les corbeaux cesseront de survoler la montagne, ils se réveilleront et rétabliront l'Allemagne dans son ancienne grandeur.

Mais cet empereur aimait beaucoup l'Alsace. Et puisque l'homme « normal » hésite toujours à admettre la mort de certains grands hommes, du roi Arthur à Napoléon, pourquoi ne pas le faire dormir sous le *Bibelstein* ?

Hélas, le pauvre empereur, loin de dormir dans cette terre d'Alsace qu'il aimait tant, s'est en fait noyé bien loin de chez lui, en Cilicie, lors de la Troisième croisade. Et tout bien considéré, c'est heureux, car il n'aurait pas reposé en paix: le *Bibelstein* a été transporté près d'une des portes de Cernay. Quand donc f...-t-on la paix à nos pierres à légendes? Quand on ne les détruit pas, on les oublie dans quelque parc ou au fond d'un musée. J'en connais même une qui s'ennuie à l'entrée d'un centre commercial marnais...

D'autres traditions font état de toute une armée qui dormirait sous l'Ochsenfeld et qui en sortirait de temps en temps. Des souterrains abriteraient des bataillons d'hommes bardés de fer. Ils sont nombreux à prétendre avoir vu des hommes vêtus d'armures, cheminant sur l'Ochsenfeld ou dans les environs. Son chef ne serait autre que le prince Charles le Chauve. Quand, en 1852, des travaux dans une usine de Cernay mirent au jour des débris d'armes, le bruit se répandit immédiatement dans tout le pays qu'on avait retrouvé l'armure du prince Charles.

Un jour, deux soldats du prince Charles rencontrèrent dans la plaine un homme qui s'en retournait chez lui: «Dans quel siècle sommes-nous?» demandèrent-ils. Et, sur sa réponse: «Rentrons dans nos souterrains, nous en avons encore pour bien des siècles.»

Un autre jour, la fille d'un boulanger de Cernay, se rendant au marché de Thann, la tête chargée d'une corbeille de petits pains, rencontra, chemin faisant, un beau chevalier qui lui acheta toute sa provision qu'il paya en monnaie depuis longtemps hors de cours. Cette rencontre se renouvela souvent, au grand avantage des affaires du boulanger. Hors de cours, peut-être, mais de bon et franc métal... Mais un jour les compagnes de la boulangère voulurent la suivre et le chevalier ne revint plus.

C'est parfois timide, un fantôme, même bardé de fer...

Sous le *Bibelstein*, transporté devant une porte de Cernay, ne dort plus l'empereur Barberousse – Photos Valeriia Taran.

LE CHEVAL DE JEANNE D'ARC

Où l'auteur vous emmène
au pays de Jeanne d'Arc,
où aujourd'hui encore beaucoup
ont entendu un cheval qu'ils n'ont jamais vu

En 2004, dans mon livre *La Lorraine des légendes*, j'évoquais un curieux phénomène : au pays de Jeanne d'Arc, on peut entendre un cheval lancé au galop, mais on ne le voit pas ! Voici d'abord ce que j'écrivais textuellement dans ce premier livre :

Dans les environs de Domremy-la-Pucelle, on entend parfois un cheval lancé au galop. Ils sont trois au moins à l'avoir entendu, trois hommes dont on ne peut douter.

Le premier est mon ami Jean-Luc Léonard, longtemps assureur à Charleville-Mézières, bon vivant, aimant la vie, curieux de tout. Il était allé à Neufchâteau, en juin 1978, pour quelque affaire, et, au retour, ayant du temps devant lui, il s'arrêta à Domremy. Il alla voir la maison natale de Jeanne d'Arc, entra quelques minutes dans l'église, puis se rendit à la basilique voisine. Là, il fut quelque peu déçu par l'architecture – il n'est pas le seul – et alla se promener dans la forêt voisine. À un moment, il entendit un cheval lancé au galop qui venait vers lui. Il s'arrêta et se plaça contre un arbre, de manière à laisser la place au cavalier. En lui-même, il se dit que ce cavalier était bien hardi de lancer ainsi son cheval sur un tel sentier. Il entendit le bruit du galop de plus en plus fort, venant vers lui, puis commencer à décroître. Mais il ne vit pas le cheval ! Fort troublé, il rebroussa chemin et rejoignit sa voiture. Il était 15 heures 15 au tableau de bord.

Le deuxième témoin n'est pas non plus n'importe quel petit rigolo : c'est Jean-Marie Cuny, l'auteur et l'éditeur nancéien bien connu, un des meilleurs connaisseurs de l'histoire de la Lorraine, fondateur de *La Revue Lorraine Populaire* puis animateur de *La Nouvelle Revue lorraine*. Deux ans après l'expérience de Jean-Luc Léonard – qu'il ne connaît pas –, en mai 1980, Jean-Marie Cuny et son jeune garçon reconnaissaient le chemin que devaient emprunter quelques jours plus tard les pèlerins de Domremy-Vaucouleurs. Ils venaient de dépasser Greux et se rendaient à Notre-Dame de Bermont. À flanc de coteau sur le chemin de Goussaincourt, tous deux avançaient dans un étroit layon quand ils entendirent le bruit d'un cheval qui arrivait au galop. Jean-Marie Cuny est lui-même cavalier, et, au bruit, tout proche, il comprit que le cavalier ne se mettait pas au trot et que le sentier étant fort étroit, l'accident était inévitable. Aussi tira-t-il son gamin sur le bas-côté et tous deux roulèrent sur le talus. Le bruit passa. Mais eux non plus ne virent pas le cheval.

Quant au troisième témoin, eh ! bien, c'est moi. Il était 11 heures, ce 12 juillet 2003, il faisait beau, le ciel était dégagé - rappelez-vous, on était en pleine canicule - et, à pied, j'allais de Greux à l'ermitage de Notre-Dame de Bermont. C'est alors que derrière moi j'entendis un cheval lancé au galop. Moi aussi, je me suis rangé, j'ai entendu le bruit de plus en plus fort, puis décroître en direction de l'ermitage. Et je n'ai rien vu ! J'ai repris ma route et, trois cents mètres plus haut, j'ai croisé un couple de Hollandais : M. et Mme Dick Vandamme, d'Utrecht. Ils ne parlaient pas français. Je les ai interrogés en anglais : eux aussi avaient entendu le bruit du galop, et eux aussi n'avaient rien vu.

Voilà, vous pensez ce que vous voulez, que les assureurs, les historiens, les folkloristes et les Hollandais devraient boire plus d'eau et moins de vin, ou courir chez le psychiatre le plus proche.

Je ne conclus pas. Maupassant, se désolant de nos pauvres sens, en aurait sans doute fait quelque autre épisode de son prophétique *Horla*. Qui sait ?

La publication de ce livre a fait sortir du bois, si j'ose l'expression, trois nouveaux témoins :

Le premier, M. Richard Thouvenot, de Neufchâteau, m'a téléphoné pour me dire qu'un de ses amis, originaire comme lui de Vaucouleurs, avait entendu ce cheval invisible, il y a dix ou quinze ans, lui aussi en plein jour, quelque part dans les bois derrière la basilique. Impossible d'en savoir plus : cet homme est décédé.

Le deuxième m'a écrit : il habite Greux, préfère qu'on ne cite pas son nom, et m'informe que son père a entendu ce même cheval entre Greux et Domremy-la-Pucelle *« quand il avait vingt ans environ »*. Or, cet homme est né en 1928.

Le troisième m'a écrit lui aussi : M. Coiffier, de Coussey, n'a pas été lui-même témoin du phénomène, mais il en avait entendu parler il y a une dizaine d'années.

Après *La Lorraine des légendes* chez France-Empire, j'ai publié en 2008 les *Contes des pays lorrains* chez Lucien Souny. Ce qui m'a valu deux nouveaux témoignages :

Le premier vient de Grand, à environ vingt-cinq kilomètres de Domremy. Cette dame, Mme Jeanne Decaffet, avait entendu parler de ce cheval invisible dans les années cinquante par deux chasseurs, qui comme bien d'autres l'avaient entendu sans le voir. Où ? Près de Domremy, sans autres précisions.

Le second vient d'un historien meusien, Gérard Mourlet : *« À Vaucouleurs, il y a dix ou douze ans, j'ai rencontré des gens qui avaient entendu le cheval dont vous parlez. Deux hommes et une femme, plus un gamin d'une douzaine d'années. Ils l'avaient entendu un soir d'été, vers 1995. Et un des hommes - hélas ! j'ai oublié son nom - m'a dit que son oncle l'avait entendu lui aussi, une vingtaine d'années plus tôt. Ils l'ont entendu dans la forêt, pas très loin de Domremy, aux Roises. »*

Ce qui fait quand même bien des gens qui entendent et ne voient rien...

J'ai reparlé de ce cheval invisible dans mes *Contes, légendes et croyances des Vosges*, en 2010. Ce qui provoqua un nouveau témoignage : Mme Janine Ferbus, de Greux, avait entendu parler de cette histoire plusieurs années auparavant, *« par le boucher, Henri Henriot, qui a été maire du village aussi, il avait entendu ce cheval pendant qu'il était à la chasse dans les environs du village. Il n'en parlait pas beaucoup, il ne voulait pas qu'on se moque, mais il en avait touché un mot à ma tante, Marcelle Ferbus, qui avait été maire avant lui. »*

Jeanne d'Arc chevauchant devant Orléans, enluminure du manuscrit d'Antoine Dufour, *Les Vies des femmes célèbres*, vers 1504 – Musée Dobrée, Nantes.

Voilà, ne me faites pas dire ce que je ne dis pas : je ne dis pas que le cheval de Jeanne, seul ou avec sa cavalière, galope dans les environs de Domremy-la-Pucelle et en d'autres lieux de mémoire. Je dis que bien des gens, de tous les horizons, et sur une période de près d'un siècle, ont entendu un cheval lancé au galop, et qu'ils ne l'ont pas vu. C'est tout et bien suffisant...

LES TROUPES DE CHARLES DE BLOIS

Où l'auteur vous emmène à Auray et à Dinan en Bretagne, sur les traces de Charles de Blois

Ils sont deux : d'un côté Charles de Blois, de l'autre Jean de Montfort. Ils sont deux, tous deux revendiquent le duché de Bretagne, et, problème, il n'y a qu'un seul duché.

Charles de Blois a des droits : il a épousé Jeanne de Penthièvre, nièce du duc Jean III de Bretagne, petite-fille d'Arthur II de Bretagne. Or, Jean III n'a aucune descendance. Lors du mariage, il est convenu que Charles sera son successeur. Et, en effet, quand le duc meurt en 1341, Charles revendique le duché, il est reconnu ainsi par le roi de France et la plupart des nobles bretons.

Tout irait bien s'il n'y avait Jean de Montfort, demi-frère de Jean III de Bretagne, qui lui aussi revendique la Bretagne.

Et c'est la guerre, qu'on nomme « guerre de Succession de Bretagne » ou encore « guerre des Deux Jeanne », du nom de l'épouse des deux prétendants, Jeanne de Penthièvre pour Charles de Blois, Jeanne de Flandre pour Jean de Montfort.

Le roi de France soutient Charles de Blois, l'Angleterre prend parti pour Jean de Montfort. Je vous fais grâce des batailles et péripéties, ce n'est pas mon sujet. Venons-en à la bataille d'Auray, le 29 septembre 1364.

Charles de Blois est toujours là, avec ses alliés français – dont Du Guesclin ; son adversaire, lui, est décédé en 1345, mais sa femme et son jeune fils Jean IV ont pris sa suite avec l'aide de leurs alliés anglais.

Jean III avait sauvé une sorcière du lynchage peu avant sa mort. Pour le remercier, elle lui avait offert un jeune lévrier nommé Yoland, lui disant que le chien suivrait toujours le duc de Bretagne. Charles était venu à Auray avec ledit lévrier – oui, je sais, ce lévrier aurait alors eu 23 ou 24 ans, mais je fais du folklore, pas de la zoologie. Mauvais présage ! Le chien quitte le camp de Charles et se réfugie dans celui des Montfort. Il va vers le fils, Jean IV, et lui lèche la main.

La bataille est féroce, on ne fait pas de quartier. Et Charles de Blois est tué ! Jean IV a gagné le duché. Reconnu par le chien merveilleux, il l'est ensuite plus officiellement par le roi de France.

La bataille d'Auray a marqué les esprits. Et longtemps on conta que les spectres des soldats morts sans confession hantaient les environs d'Auray. Ils étaient agressifs et n'hésitaient pas à tuer les rares voyageurs qui croisaient leur route. Lorsque, au soleil naissant, on trouvait un corps, on se signait en disant qu'il avait rencontré « les mauvais soldats ».

Émile Souvestre rapporte ainsi :

« Il existe entre Auray et Pluvigner une plaine qui a été, lors des querelles des comtes de Blois et de Montfort, le théâtre d'un sanglant combat. Plusieurs fois, des débris de casques, d'armures, d'ossements humains, y ont été trouvés, et la tradition populaire assure que des centaines de soldats y dorment sous les bruyères. Or, les âmes de tous ceux qui sont morts dans ce lieu en combattant, sans avoir obtenu l'absolution de leurs péchés, sont condamnées à rester près de leurs cadavres, et, à une certaine heure de la nuit, elles s'élèvent du sein de la terre et se mettent à parcourir le champ funèbre dans toute son étendue. Alors, disent les paysans, on croirait entendre les brises de la nuit gémir sourdement : ce sont les plaintes de ces âmes qui souffrent et demandent des prières. Elles sont condamnées à errer jusqu'au jugement dernier sur cette plaine, et à ne parcourir jamais qu'une ligne droite, quels que soient les obstacles qu'elles puissent rencontrer. Malheur au voyageur de nuit qu'elles trouvent sur leur chemin ; dès qu'elles l'ont touché, il tombe frappé par une puissance invincible, et doit mourir avant le soir suivant.

Pendant un séjour que je fis à Auray, je pus juger combien cette croyance était profondément enracinée chez les habitants du pays. Une jeune paysanne arriva dans la maison où je me trouvais, la figure couverte de pleurs et ne pouvant parler. Effrayés, nous l'interrogeâmes, et la pauvre fille nous apprit, à travers ses sanglots, que son père était mourant. La veille, il était allé à la foire de Pluvigner, d'où il était revenu seul et tard par la plaine funeste. Il avait été rencontré par une âme… (en prononçant ces mots, la jeune fille tremblait de tout son corps) ; il avait été terrassé, et c'était seulement le matin qu'on l'avait trouvé et rapporté chez lui. Nous nous informâmes sur-le-champ si un médecin l'avait vu.

— À quoi bon ? nous répondit la paysanne, c'est un prêtre qu'il lui faut, ses heures sont comptées. »

Quant à Jean IV, il se rendit un jour à Dinan, où, dans l'église des Cordeliers, il trouva le portrait de Charles de Blois. Il ordonna de l'effacer. Comme on le recouvrait de chaux, du sang jaillit à l'endroit où était représenté le cœur du malheureux Charles - d'ailleurs point si malheureux, puisqu'on lui attribua tant de miracles et de guérisons inexplicables que l'Église en fit sinon un saint, du moins un bienheureux ; il est fêté le 29 septembre et représenté généralement, comme à Tréguier, en armure, portant l'épée.

Charles de Blois, gravure d'après un vitrail de l'église Saint-Jean-Baptiste d'Angers, dans *Histoire de la maison de Chastillon sur Marne*, d'André du Chesnes, 1621 – Bibliothèque municipale de Reims – Photo Valeriia Taran.

LA VEUVE DE DU GUESCLIN

Où l'auteur vous emmène au château de la Bellière en Bretagne, où survit le souvenir de Tiphaine Raguenel

« *La Bretagne est le pays des souvenirs persistants,* écrit Guy de Maupassant. *À peine en a-t-on foulé le sol qu'on vit dans les siècles passés. Le combat des Trente est d'hier; vous doutez que Du Guesclin soit mort, et dans les environs de Quiberon le sang des chouans massacrés n'a point séché*[14]. »

Je n'ai point trouvé de légendes à propos du fameux combat des Trente, je vous parlerai plus loin des fusillés de Quiberon. Quant à Du Guesclin...

Son épouse, Tiphaine Raguenel, était une femme belle, savante et versée dans l'astrologie, si bien qu'elle prédisait les victoires de son mari. Elle mourut jeune, en 1373. Elle fut inhumée à l'église des Jacobins à Dinan. L'église subit les affres de la Révolution. En 2012, un donateur anonyme offrit à la bibliothèque de Dinan un reliquaire contenant un crâne qui serait le sien. Ledit reliquaire aurait été découvert dans un mur d'une vieille maison de Dinan. Quant à son âme, si on en croit le grand folkloriste breton Paul Sébillot, il semble bien qu'elle n'ait pas quitté le château de la Bellière, sur la commune de La Vicomté-sur-Rance :

« *On raconte aux veillées dans les chaumières voisines du château de la Bellière qu'habita la première femme de Du Guesclin, qu'une femme en longue robe blanche vient aux lueurs pâles de la lune, durant les nuits d'automne, se promener rêveuse dans les sentiers jonchés de feuilles mortes des bois de la Bellière; c'est l'ombre attristée de Tiphaine, regrettant au ciel même les verts abris de son berceau. D'après le chanoine de Garaby*[15]*, qui était originaire de Pleudihen, la belle châtelaine revient chaque soir visiter la Bellière et ses environs, cherchant encore des veuves et des orphelins à soulager.* »

Selon une ancienne du bourg, Mme Marthe Daviet, avant la Grande Guerre, il n'était pas rare de trouver sous sa porte quelques pièces en argent. « *On disait que c'était la Bonne Châtelaine qui avait puisé dans son trésor pour soulager la misère des pauvres gens. Souvent, c'était une veuve qui trouvait ces pièces. Pour d'autres, c'était le curé qui agissait ainsi, discrètement. C'est sûrement ça,*

14 - Guy de Maupassant, « Le pays des korrigans », dans *Chroniques*, Paris, Le Livre de Poche, La Pochothèque, 2008, p. 602. Cette chronique fut publiée dans *Le Gaulois* le 10 décembre 1880.

15 - Malo-Joseph de Garaby, chanoine de Saint-Brieuc, auteur de plusieurs ouvrages, dont *Vies des Bienheureux et des Saints de Bretagne pour tous les jours de l'année* (Saint-Brieuc, L. Prud'homme, 1839).

parce que les pièces, elles avaient cours, et que celles du trésor, s'il y a un trésor, ben elles doivent dater du Moyen Âge, non ?»

Le bon sens paysan...

Mannequin de Tiphaine Raguenel, dans le logis Tiphaine au Mont-Saint-Michel – Wikimedia Commons.

Détail du gisant de Du Guesclin, en la basilique Saint-Denis – Photo David Monniaux.

LE PRINCE NOIR

Où l'auteur vous emmène à Blanquefort en Aquitaine, où Diable ou Prince Noir font bonne garde

Édouard de Woodstock (1330-1376), prince d'Aquitaine, était le fils aîné d'Édouard III d'Angleterre, en ces temps où Bordelais et Gascogne étaient terres anglaises. La postérité le connaît sous le nom de *Prince Noir*, d'après la couleur de son armure selon ses amis, d'après la noirceur de son âme selon ses ennemis, mais ce surnom, semble-t-il, lui fut attribué bien longtemps après sa mort.

Je ne vais pas vous conter ici ses chevauchées et ses batailles, tout un livre n'y suffirait pas.

S'il mourut à Westminster et fut inhumé à la cathédrale de Cantorbéry où l'on peut encore voir son gisant, son spectre hanterait la forteresse de Blanquefort – nommée aussi *château Duras*, du nom d'un de ses propriétaires. Il est d'ailleurs avéré que le Prince Noir y séjourna. On dit qu'on l'y voit encore, spectre errant, accompagné d'une dame blanche. On dit encore que tous deux protègent les lieux contre les démolisseurs. Telle est la croyance rapportée par Alain Viaut dans un ouvrage récent.

Les légendes évoluent : au XIXe siècle, ce n'était pas le Prince Noir qui surveillait les démolisseurs, mais bel et bien le Diable en personne, comme l'écrit Léo Drouyn :

« *Comme tous les vieux monuments dont l'origine est réputée inconnue, dont les ruines frappent les yeux et font travailler l'imagination, le château de Blanquefort est hanté par les esprits, renferme dans ses souterrains d'immenses trésors gardés par le Diable, qui punit de mort l'audacieux qui cherche à s'en emparer ; il protège les ruines elles-mêmes, et fait mourir subitement quiconque cherche à les démolir.* »

Diable ou Prince Noir, la forteresse, si elle est en ruine, reste impressionnante et majestueuse.

Détail du gisant du Prince Noir en la cathédrale de Cantorbéry – Photo Joseph Renalias.

Ci-contre et page suivante : Ruines de la forteresse de Blanquefort, en Gironde, hantées par le Prince Noir et une dame blanche – Photos Joël Camelot.

LA DAME DE FEU

Où l'auteur vous emmène en Gascogne, dans un village ruiné où il se passait des choses bien curieuses

Le texte qui suit fut recueilli et ciselé par Ernest Lafont :

Il y a bien longtemps de cela, vous diront les humbles « pieds terreus » qui se réunissent encore les soirs de novembre pour les traditionnelles « despanoulhados », s'élevait sur le pech de Bère, au lieu qui s'appelle aujourd'hui Rigaud, un gros village qui portait nom Ricords. Comment ce bourg fut-il détruit pendant l'invasion anglaise, c'est ce que vous diront les savants qui font revivre nos antiquités locales, mais nos anciens vous apprendraient mieux que nous que du village élevé qui projetait autrefois en plein ciel sa silhouette orgueilleuse, la guerre ne laissa subsister qu'un tombeau de pierre où l'on ne sait plus quelle dame reposait et les ruines d'une briqueterie gallo-romaine dans les débris de laquelle on trouve encore de nos jours des poteries entières ou faciles à reconstituer. La légende ajoute même qu'à l'époque où le roi de Bourges reconquit pied à pied le territoire de ses pères, les guerriers de Talbot durent quitter précipitamment Ricords, abandonnant dans un lieu souterrain une grosse fortune en or, cousue dans une peau de bœuf.

Au temps heureux de l'évacuation étrangère, alors que Charles VII, avant l'heure vieilli, déjouait les sourdes menées de Monseigneur le Dauphin, Louis réfugié au pays de la Montagne, vivaient dans notre pays, entre Clairac et Aiguillon, le chevalier Rodolfe, fils de Hubert (pourquoi ces noms teutons dans une légende gasconne ?) et damoiselle Bertrade, qui aimait réciter les chansons des troubadours joyeux. Et Rodolfe était vaillant entre les plus vaillants et Bertrade était belle entre les plus belles. Mais bien que ces fleurs de chevalerie s'épanouissent au bord du même fleuve, un abîme les séparait, car leurs familles étaient rivales.

À la mort du baron Hubert qui guerroya auprès de Charles, septième du nom, Rodolfe, pour restaurer le castel ancestral qu'avaient démantelé les bombardes anglaises, conçut le chimérique projet de chercher le trésor enfoui par l'étranger dans le village incendié de Ricords. Mais telle conquête paraissait peu honorable à un chevalier de vaillante origine et c'est pourquoi, accompagné de son fidèle fauconnier, il n'allait que la nuit sur le coteau endormi arracher le secret des lamentables ruines. Les vilains des chaumines enfumées posées au bord du fleuve lent pouvaient voir, à l'heure mystérieuse où les ombres du ciel surprises par la lune commencent à s'évanouir, deux noires silhouettes qui retournaient le sol autour du bourg abandonné. Mais ils n'eurent jamais l'audace d'aller voir ce qui se passait, car les deux ombres avaient noble apparence et, de plus, la Dame blanche apparaissait chaque nuit dans le roc où de pieux ermites creusaient un ermitage.

Oh! cette Dame blanche dont on parlait le soir autour de l'âtre où flambaient de maigres copeaux, qu'elle intrigua et terrorisa de gens à la fois curieux et effrayés de la connaître! N'était-ce pas le même fantôme qui sortait parfois nuitamment du tombeau de Ricords avec une chevelure et des vêtements de flamme et que l'on appelait la Dame de Feu?

Un soir, comme Rodolfe croyant avoir découvert la veille l'endroit précis où gisait le trésor, était venu seul, il sentit peser sur lui des ombres inaccoutumées, et bien qu'il eût, malgré son jeune âge, risqué maintes fois sa vie au service du roi de France, il tressaillit et regretta de n'avoir pas emmené avec lui son fidèle fauconnier. L'âme errante d'un mort fouetta son front penché de son aile sombre et le chevalier ne put réprimer le frisson qui parcourut son corps à ce malsain contact. Quelque chose gronda sourdement autour de lui, et de grandes flammes jaillirent devant ses yeux, embrasant les ruines. Sur le tombeau entrouvert de Ricords se dressa la Dame de Feu, à la robe d'incendie, à la rutilante chevelure d'or. Rodolfe eut vite fait de vaincre sa frayeur, car il était vaillant et la dame était belle, mais il savait qu'elle avait été l'incestueuse et la prostituée, et s'étant signé sur le cœur et sur le front, il porta la main à la garde de son épée.

« Beau chevalier, dit l'apparition, beau chevalier, ne t'effraie point, car la Dame de Feu est aussi la Dame de Beauté et la Dame d'Amour.

— Arrière, démon, il ne sera jamais assez d'insultes sur mes lèvres pour te jeter l'opprobre, toi qui semas la discorde dans nos castels et dans nos fermes, toi qui amollis le cœur de nos ancêtres et brûlas par la volupté leurs corps faits pour la guerre. Arrière! vaillant comme mes pères, je raillerai comme eux ton impuissance!

— Enfant présomptueux, fils d'Hubert le Superbe, j'habitai ton castel et fus l'amante de ton père.

— Démon de flamme et de beauté, tu en as menti, et Rodolfe te châtiera comme tu mérites. »

Et ce disant, il marche vers l'apparition, l'épée haute, mais le fer qui terrassa dans les tournois les plus hardis seigneurs de Guyenne s'incendia à l'approche de la Dame de Feu et le beau chevalier n'eut plus à la main qu'une moisson de roses.

« Femme d'enfer, s'écria-t-il en jetant dans les flammes le bouquet qui ne se consuma point, tu as menti en insultant la mémoire de mon père et seigneur, et je t'accuserai de parjure jusqu'à ce que tu m'aies donné la preuve irréfutable de tes dires.

— Regarde alors, beau chevalier », dit le fantôme en tendant à Rodolfe l'anneau d'or qu'elle portait au doigt et n'était autre que le cachet dont le baron Hubert, lequel ne savait pas écrire, selon la coutume du temps, revêtait les actes dressés en son nom par son chapelain.

Rodolfe reconnut le sceau de sa maison, et, tombant à genoux, il pleura amèrement

« Ah! puissant chevalier, reprit la Dame de Feu avec un rire mauvais, tu pleures comme une femme parce que tes aïeux connurent la Dame de Beauté et d'Amour. Tu t'es raillé de ma puissance, et si tu n'étais un bel enfant que j'aime, je te châtierais cruellement. Je fus de mon vivant le mauvais génie de ta famille. C'est moi qui fis accuser de félonie ton oncle Adhémar et c'est sur mon instigation que l'on attacha son blason à la queue d'un cheval indompté ! C'est moi qui, me sentant mourir sans avoir tiré vengeance de ton père, Hubert, dévoilai aux Anglais la poterne secrète de ton castel assiégé et fis souffler sur ses défenseurs un vent de trahison !

— Tais-toi, démon femme d'enfer, tais-toi, sanglota Rodolfe qui pleurait à genoux et n'avait plus la force de se relever.

— Je suis la Dame de Beauté que tout le monde aima au mépris de la raison et des lois. Beau chevalier, tu m'aimeras aussi toi qui n'as pas assez de paroles de haine pour m'insulter ce soir. Tu m'aimeras, et c'est mon fantôme détesté que tu violeras dans l'étreinte de tel être vivant qu'il me plaira de te désigner. Et, pour te punir de ton orgueil, c'est dans le corps de ton ennemie Bertrade que tu posséderas mon âme, l'âme de la réprouvée, le fantôme maudit de la Dame de Feu, de la Dame de Beauté, de la Dame d'Amour. Enfant, relève-toi, et viens avec Bertrade à la Noël prochaine t'asseoir sur mon tombeau, au pied du calvaire qu'ont élevé les pieux ermites. »

Depuis longtemps la Dame de Feu s'était évanouie dans son cortège de flammes et sur elle était retombée la lourde pierre du tombeau, mais le chevalier Rodolfe priait et pleurait encore, un tronçon d'épée à la main. Au matin, les gens du château, inquiets de son absence, le retrouvèrent à Ricords.

Devant le manoir de son ennemie Bertrade, il vit la damoiselle qui, son livre d'heures à la main, entrait à la chapelle, et il chancela comme si on lui avait porté un grand coup au cœur.

Quand, le soir de Noël, l'étoile du Berger monta dans le ciel serein, les manants qui allaient ouïr la messe de minuit à l'église de Nicole eurent grand'peur en voyant apparaître soudain dans les ruines de Ricords la Dame de Feu en son cortège accoutumé, et tous se signèrent à la vue de deux ombres qui gravissaient enlacées les degrés du saint calvaire, suivies du rire sardonique de la Dame d'Amour et de Beauté.

Mais les humbles personnes qui m'ont rapporté ce récit m'en ont donné une seconde version, version moins païenne qui donne plus d'ampleur au scénario gascon. Au moment où les lèvres de Rodolfe et de Bertrade se cherchaient dans l'ombre, au moment où les deux amants s'enlaçaient plus étroitement, malgré eux, car Bertrade était l'ennemie de Rodolfe et Rodolfe aimait en Bertrade l'âme du fantôme haï, l'étoile du Berger emplit le ciel d'une clarté plus vive, et le Christ qui agonisait sur l'arbre de mort descendit de la croix, rompant ainsi le charme impur épandu sur les jeunes gens par l'âme perverse de la Dame de Feu. Le tombeau s'effondra, comme enseveli sous terre, et jamais on ne vit depuis cette nuit de Noël errer dans les grottes de l'Ermitage le fantôme de la Dame d'Amour et de Beauté, mais on assure que Rodolfe et Bertrade ne se haïrent plus et que, s'étant unis, ils goûtèrent ensemble une longue vie de bonheur.

LE SIRE DE FÉNELON

Où l'auteur vous emmène en Périgord noir, en Corrèze et en Anjou, où l'ancêtre de Fénelon était fieffé paillard et d'autres seigneurs bien expéditifs

Le fier château de Fénelon se dresse à côté du petit village de Sainte-Mondane, dans le Périgord noir. Y naquit en 1651 François de Salignac de La Mothe-Fénelon, futur archevêque de Cambrai, plus connu sous le nom de Fénelon, et auteur notamment des *Aventures de Télémaque* et de *Dialogues des morts*.

La légende qui suit concerne un de ses ancêtres, dont le moins que l'on puisse dire est qu'il ne risquait pas d'être un jour archevêque : le sire de Fénelon, au XIIe siècle, était un fieffé paillard, ivrogne et débauché, qui menait la vie dure à ses gens et tout particulièrement à sa jeune et tendre épouse, Gisèle.

Laquelle, lasse de cette brute, finit par se consoler dans les bras du jeune et beau page de son mari, Régis de Castelnaud.

Un jour qu'ils se trouvaient dans une grotte, non loin de la Dordogne, ils furent surpris par le mari, ivre comme à son habitude. Furieux de constater son infortune, il poignarda son page. Sans doute allait-il réserver le même sort à sa pauvre épouse quand, perdant l'équilibre, il glissa et tomba dans la rivière où il se noya.

Gisèle porta le corps de son bien-aimé jusqu'à une barque, elle y prit place et laissa la frêle embarcation se glisser dans le courant, allant vers la mort qu'elle attendait.

La Dordogne rendit les corps des deux amoureux, et les paysans leur donnèrent digne sépulture. Quant au corps de leur seigneur, jamais on ne le retrouva. Mais on commença alors à voir, dès la brune, une ombre qui errait le long de la rivière : c'était le sire de Fénelon, qui ne trouvait pas le repos.

Certains disent encore qu'au printemps apparaissaient deux fantômes dans la grotte : Gisèle et le page qui, agenouillés, priaient pour l'âme de leur persécuteur.

Sans doute furent-ils entendus, car on ne revit plus le sire de Fénelon.

La colère du vicomte de Ventadour

Les Ventadour ont donné à la littérature occitane une de ses gloires en la personne du troubadour Bernard de Ventadour. La famille comptait aussi un homme irascible et susceptible : or donc, le vicomte de Ventadour désirait une belle meunière du voisinage, mais celle-ci repoussait ses avances sous le prétexte qu'elle était mariée. En fait, la friponne avait déjà un jeune amant de dix-huit ans, un des pages du château, et n'avait que faire d'un vieux barbon.

Le fier château des Fénelon, à Sainte-Mondane – Photo Père Igor.

Un jour, le vicomte les surprit dans les bois, en une situation qui ne laissait aucun doute. Furieux, il les occit sur-le-champ. Depuis lors, dans la lande proche du bois, on voit parfois deux ombres enlacées qui dansent et s'embrassent : ce sont les fantômes de la meunière et du page, qui s'aiment par-delà la mort.

Le fantôme pudique

Le château de Raguin se trouve à Chazé-sur-Argos, en Maine-et-Loire, mais historiquement en terre angevine du pays de Segré.

Un jour, le seigneur du château trouva sa jeune et ravissante épouse complètement nue, posant, expliqua-t-elle, pour un peintre. Épouse volage et peintre lubrique furent aussitôt poignardés.

Depuis lors, dans le château, un fantôme parcourt les couloirs, ouvre et ferme les portes, visite les chambres... C'est, dit-on, le fantôme de la jeune épouse qui cherche ses vêtements.

LA TRAHISON DU SERVITEUR

Où l'auteur vous emmène
en Alsace, où le fier château de Guirbaden fut pris par traîtrise,
en Bretagne, où erre une femme sans tête,
et dans l'Hérault, où un seigneur fut tué par ses domestiques

Rendons-nous maintenant aux ruines du château de Guirbaden, en Alsace. On y accède par des sentiers depuis Mollkirch ou Grendelbruch. Il fut, par sa superficie, le plus grand château-fort d'Alsace, et ce qu'il en reste laisse à penser qu'il était bien difficile de s'en emparer. Des remparts solides, des canonnières, un fier donjon… Ceux qui vivaient à l'abri de ces murs devaient se sentir en sécurité – à propos de sécurité, les ruines sont propriété privée et certains endroits sont susceptibles de s'effondrer sur le promeneur trop curieux.

Pourtant, un jour, une forte troupe vint faire le siège du château. Cela tombait bien mal : sans doute cela ne risque-t-il pas de vous arriver, mais sauriez-vous que faire si, assiégé dans votre château avec tous vos gens, vous n'aviez plus pour toute nourriture qu'une seule vache et qu'un seul sac de blé ? La tradition rapporte le stratagème, tantôt en Normandie, tantôt en Wallonie, et, donc, ici. On régala la vache de tout le blé. Quand elle fut rassasiée, on la jeta par-dessus les remparts, en se moquant des assiégeants.

Ceux-ci s'emparèrent de la vache et, en la découpant, ils virent qu'elle avait l'estomac plein de blé. Ils se dirent donc que les assiégés avaient de fortes réserves de vivres et qu'il était inutile d'insister. Ils mangèrent la vache, puis levèrent le camp.

Pourtant, le château fut finalement pris par les Lorrains. Le plus simplement du monde : ils avaient soudoyé un domestique qui, une nuit, alors que tous dormaient, leur ouvrit la porte. Les Lorrains investirent la place, massacrèrent tout le monde et capturèrent vivant le seigneur du lieu, qu'ils mirent à la torture. On eut beau lui crever les yeux, lui couper les bras puis les jambes, le seigneur ne révéla pas la cachette de son trésor. Il mourut sous les sévices. Les Lorrains fouillèrent partout, mais furent bredouilles.

Depuis, chaque année, à la date anniversaire de la traîtrise, le seigneur massacré sort de son tombeau. Il n'a plus ni bras ni jambes et ses orbites creuses sont sanglantes. Il appelle ses gens et tous viennent s'assembler autour du cercueil de la dame du seigneur. On amène alors le domestique qui a trahi : il est vêtu de rouge et porte à la main la clef qui a ouvert la porte aux Lorrains. On l'interroge, on le houspille et, au moment où on va le condamner à mort, le domestique s'enfuit et parcourt le château en hurlant, poursuivi par ses compagnons qu'il a livrés à l'épée des Lorrains. Juste au moment où il va être saisi et sans doute dûment estourbi, une cloche sonne dans la nuit et tous, poursuivi et poursuivants, disparaissent.

Jusqu'à l'année suivante...

Une autre légende hante ces ruines : on conte, me dit l'ancien maire de Mollkirch, M. Richard Schleiss, qu'en Terre sainte, le comte d'Eguisheim, alors propriétaire du château-fort, sympathisa avec des Templiers. Tous amassèrent un important butin, et revinrent ensemble audit château. La légende n'a pas retenu pourquoi les Templiers laissèrent leur part sous la garde du comte. Toujours est-il que tout le butin échoua dans les mains de la dernière héritière du comte, Odile. Elle ne voulut pas se marier et mourut, jeune encore, d'une maladie. Mais, avant de mourir, elle donna ses dernières instructions à un fidèle serviteur : l'enterrer en un endroit secret, sans marque aucune, avec le trésor. Ce qui fut fait. Le fidèle serviteur transmit le secret à son fils aîné, et ainsi de suite pendant quelques générations, jusqu'au moment où les détenteurs du secret furent deux jumeaux cupides, qui se moquaient bien de la promesse de leur aïeul et du repos sacré d'Odile. Une nuit, ils se rendirent au pied d'un rocher, avec pics, pioches et pelles. Mais, aveuglés par la cupidité, voulant aller trop vite, tapant comme des sourds, ils ébranlèrent le rocher, un pan s'en détacha et les écrasa.

On dit encore que leur sœur – ou leur mère selon une autre version – déplaça leurs corps pour préserver le secret de la cachette, et que le fruit des rapines des Templiers et du comte d'Eguisheim est toujours là, près des restes d'Odile.

Et l'ancien maire d'ajouter : *« Les lieux sont isolés, certains jours il n'y a personne. Alors, des gens, surtout des Hollandais, en profitent pour parcourir les lieux avec des détecteurs de métaux. Mais je pense qu'à part des vieux clous, ils ne trouvent pas grand-chose... »*

Page précédente et ci-dessus : Dans les ruines du château pris par traîtrise, où longtemps personne n'osa s'aventurer dès chien et loup, les seuls fantômes sont aujourd'hui des chercheurs de trésor – Photos Nicolas Torquet.

La femme sans tête

« Dans la lande de Vigneux, on voit la nuit une femme sans tête ; elle va tout droit sur les bruyères et les ajoncs sans les faire plier. Quand elle est arrivée au carrefour de la Hutte au Broussay, elle reste là, comme si elle était changée en pierre. Alors, du côté du soleil couchant, arrive une bique noire, dont les yeux jettent du feu ; elle vient en sautant et en secouant une tête coupée qu'elle tient par les cheveux avec ses dents. La femme ouvre les bras et court après la bique noire pour reprendre sa tête ; mais celle-ci se met à tourner en rond et à sauter de gauche et de droite pour lui échapper. On entend alors des cris, et de partout sur les landes sortent des chats-huants, des putois, qui tourbillonnent avec la chèvre. Un homme qui revenait un soir très tard de la foire de Vigneux passa tout près du tourbillon et sans pouvoir s'en défendre, le voilà qui tourne avec les bêtes. Il tourna comme cela jusqu'à ce que le petit jour parût. Les bêtes, la femme sans tête et la bique disparurent, et il resta là, si brisé, si moulu qu'il fut plus de deux heures avant de pouvoir revenir chez lui. (...) La femme sans tête s'appelle aussi la Rouanne ; c'était la dame du château du Gâvre. Comme elle n'était pas Bretonne, mais Normande, elle ouvrit un soir la porte aux Anglais qui assiégeaient le château. Mais elle fut surprise avant que l'ennemi eût pu franchir la porte, et son mari lui fit couper la tête sans lui donner le temps de se confesser. C'est pour cela qu'elle revient la nuit. »

Assassiné par ses domestiques

L'Histoire rapporte que le seigneur Alexandre de Guilhem-Caylus-Clermont-Castelnau fut tué en 1621, en son château des Guilhem à Clermont-l'Hérault, par ses domestiques. La légende ajoute, sans autres détails, que longtemps on vit son fantôme autour du donjon.

Autour du donjon de son château, mais aussi dans les vieilles rues d'un village voisin, Nébian, où son spectre, vêtu d'un linceul selon les uns, d'une cotte de mailles selon les autres, fut signalé encore peu après 1900 – Archives départementales de l'Hérault.

Donjon et ruines du château des Guilhem – Wikimedia Commons.

LES OSSEMENTS DU TÉMÉRAIRE ET DES GRANDS DE BOURGOGNE

Où l'auteur vous emmène en Alsace et en Lorraine, ce pays d'entre-deux où mourut le beau rêve du Téméraire

Charles le Téméraire perdit la vie à la bataille de Nancy, en janvier 1477. En novembre 1475, celui qui rêvait, depuis sa Bourgogne, de reconstituer une vaste Lotharingie, avait conquis la Lorraine et même Nancy, d'où avait fui le duc René II. Charles le Téméraire se proclama aussitôt duc de Lorraine. La suite de ses conquêtes ne se déroula pas comme il le souhaitait : les Suisses l'écrasèrent et les Lorrains en profitèrent pour se révolter. Quant à René II, il reconstitua une armée avec laquelle il marcha sur Nancy. Lorrains et Bourguignons se rencontrèrent à Jarville. Les Bourguignons furent défaits.

René II était victorieux, mais le roi de France, Louis XI, qui pourtant l'avait abandonné quand les Bourguignons étaient les plus forts, l'empêcha d'annexer une partie de la Bourgogne. Ainsi, cette ultime tentative de constituer un grand pays d'entre France et Germanie tourna court. La Bourgogne passait dans le giron du royaume de France. René II était militairement victorieux, mais désormais le royaume de France était plus que jamais à ses frontières, les crocs aiguisés, lorgnant vers le Rhin. Trois ans plus tard, à la mort de René d'Anjou, René II héritera des duchés d'Anjou, de Bar, du Maine et de Provence, mais Louis XI ne lui laissera disposer que du duché de Bar, annexant la part du lion.

Mais revenons aux heures suivant la bataille. Les Lorrains sont victorieux, certes, le duc René peut faire une joyeuse entrée dans sa bonne ville de Nancy, certes, mais la fête est hantée par une ombre de taille : qu'est devenu Charles le Téméraire ? On l'a vu se dirigeant sur son cheval noir, Moro, vers le pont de Bouxières, sabrant tout autour de lui. Là, sous les ordres du comte de Campobasso, ancien allié du Téméraire passé dans le camp lorrain, des centaines de cavaliers ont massacré une masse de Bourguignons. Mais le Téméraire est-il parmi les victimes ?

S'il a réussi à fuir, les ennuis du duc René II sont loin d'être terminés. Dans quelques mois, tout serait à recommencer.

René II apprend qu'un prisonnier bourguignon a affirmé que Charles le Téméraire est mort sous ses yeux. Il fait rechercher aussitôt ce témoin. Las ! ses Alsaciens l'ont égorgé !

Le lendemain, parmi les milliers de morts bourguignons, on retrouve le sceau du Téméraire, une bague, un peu de vaisselle, et même son beau cheval noir, Moro, dont on fait présent à René II. Il aurait préféré des nouvelles du maître…

Les heures passent ainsi, dans l'incertitude. À minuit, on amène au duc René II un page du Téméraire, qui confirme les dires du témoin trop vite égorgé et se fait fort de retrouver l'endroit où le chef bourguignon est tombé, près de la Commanderie Saint-Jean.

Dès l'aube, les Lorrains sont là, avec le page, retournant tous les cadavres. Le page reconnaît son maître dans un cadavre nu, au crâne ouvert, au visage mangé par les loups, tué d'un coup de hallebarde à la tête et d'un coup de pique asséné, dit la chronique, *« par le fondement »*.

René II fait venir le chapelain et le médecin personnel du Téméraire. Tous deux reconnaissent dans ce corps le duc de Bourgogne, le médecin montrant pour preuve une cicatrice à la gorge, souvenir de la bataille de Montlhéry, et une autre cicatrice à l'épaule, due celle-là à un furoncle.

Voilà René II enfin rassuré…

Historiquement, cette bataille est importante, non seulement parce qu'elle met un point final aux rêves lotharingiens du Téméraire, mais aussi et surtout parce qu'elle constitue une prise de conscience de la nationalité lorraine. Pour la première fois, le signe de ralliement des Lorrains fut la croix à double branche transversale, que René II tenait de son grand-père, René d'Anjou, et qui aura la glorieuse carrière que l'on sait quand le général de Gaulle en fera l'emblème de la France libre.

Après la bataille, René II *« rendit gloire de sa victoire à Dieu »*, dit la chronique, ainsi qu'à *« Monseigneur saint Nicolas »*.

Enfin, de 1477 date également l'adoption du chardon comme emblème populaire de la Lorraine, avec la devise *« Ne mi toques, il point »* (Ne me touchez pas, je pique), qui deviendra le célèbre *« Qui s'y frotte, s'y pique. »*

Quant au folklore, il y gagne quelques légendes : on conta ainsi qu'alors que le Téméraire s'apprêtait pour la bataille, le fantôme d'un des soldats tués à Morat lui apparut et lui dit de renoncer à la guerre. Le duc voulut le frapper de son épée, qui ne trouva que le vide. L'apparition lui cria alors : « Ta colère est impuissante ! J'ai laissé mes os à Morat, mon ombre va t'attendre sous les murs de Nancy ! » Sinistre présage !…

Et, en Lorraine, longtemps, dans les chaumières, on conta que par les nuits sans lune on voyait près du pont de Bouxières surgir des eaux de l'étang Saint-Jean un fantôme blafard, la tête ensanglantée. C'était le Téméraire, qui lançait des appels à l'aide avant de s'enfoncer dans les eaux noires.

L'étang a disparu, et avec lui, la légende. Ainsi, le Téméraire est bien mort. Quoique… Ne le vit-on pas en Alsace après sa mort ?…

Hagenbach

L'appétit territorial du Téméraire était bien grand : pour unir ses terres du Nord à son fief bourguignon, il était prêt à tout. Et, justement, en mai 1469, le duc Sigismond d'Autriche, brouillon et dépensier, se trouve désargenté. Le duc de Bourgogne ne rate pas l'occasion, il lui prête 80 000 florins contre une garantie, une toute petite garantie : ses possessions alsaciennes. Sigismond accepte et le Téméraire peut se frotter les mains : d'ici à ce que ce panier percé le rembourse… Et donc le Bourguignon se conduit comme chez lui dans ses nouvelles terres alsaciennes, où il aime à séjourner de temps en temps. Certes, toute l'Alsace n'est pas sienne, mais, comme le lui fait remarquer un de ses habiles conseillers, l'Alsacien Pierre de Hagenbach, *« Strasbourg, Schlestadt, Colmar et Bâle ne sont pas, il est vrai, compris dans l'engagement, mais vous*

1

2

saurez bien trouver l'occasion de les soumettre, et je vous en dirai les moyens[16].»

C'est ce conseiller retors qui représente le duc de Bourgogne auprès de ses nouveaux sujets. Et Hagenbach se montre si dur, si intraitable, si violent, qu'il provoque mécontentements et révoltes. Il ne connaît qu'un seul droit : celui du plus fort. Et c'est avec des gibets et des épées qu'il mène son monde. Il a un goût particulier pour les belles femmes : pucelles, mariées, religieuses même, qu'importe, s'il les veut, il les prend, de force. Et si un père, un frère ou un mari osent s'opposer à ce honteux enlèvement, il est aussitôt occis sans autre forme de procès. Encore à la fin du XIXe siècle, quelques vieux Alsaciens, quand on évoquait une brute, un satyre, un violeur, disaient que c'était « *un Hagenbach*[17] »...

Malin, Hagenbach s'est entouré principalement de Wallons, qui n'entendent rien à l'alsacien, sont donc sourds aux plaintes, et multiplient vols et viols. Pour son malheur, il y a aussi quelques Allemands... Alors qu'il met Brisach en état de subir un siège, Hagenbach est trahi par le capitaine de ses Allemands qui donne aux habitants de la ville le signal de la rébellion. Les Allemands sont 200, les Wallons quatre fois plus nombreux. Mais, quand ils constatent qu'on n'en veut qu'au seul Hagenbach, ils demandent et obtiennent de quitter la ville. Hagenbach, abandonné, est capturé, torturé, jugé, et, dans la nuit du 9 au 10 mai 1474, décapité. Dans toute l'Alsace, on chante, on fait la fête. Pas longtemps : de rage, le Téméraire laisse ses troupes mettre l'Alsace à feu et à sang.

16 - Cité dans *Revue d'Alsace*, Colmar, 1853, p. 280.

17 - Papiers Paul Ristelhuber, collection particulière.

À gauche :

1. La bataille de Nancy, vue par Eugène Delacroix, huile sur toile, 1831 – Musée des Beaux-Arts de Nancy.

2. La découverte du corps de Charles le Téméraire, vue par Eugène Houry en 1862 – Musée Lorrain, Nancy.

Le roulier de Wasselonne

Or donc, je vous l'ai dit, Charles le Téméraire fut vaincu et tué à Nancy par une coalition dans laquelle se trouvaient des Alsaciens. Crut-on alors à sa mort, en cette Alsace meurtrie ? Sans doute que non, selon la terrible légende que voici :

À la Chandeleur qui suivait, un roulier de Wasselonne qui s'en revenait de Molsheim, à la nuit tombante, rencontra, comme il contournait les douves du château à quatre tourelles qu'on voit au pied de la montagne du Scharrach, un voyageur solitaire. Il y avait là un carrefour de six routes, et cet étranger semblait chercher son chemin. Il cria :

« Seigneur cavalier !... Pouvez-vous me dire un cimetière où reposer mes ossements ? »

Les rouliers sont des gens gais, bons buveurs et loyaux compagnons. Mais à cette question saugrenue, celui-ci pensa tomber à la renverse et son cheval en fit un écart. Il se remit vite néanmoins de son émotion.

« Un cimetière ?... En voilà un champ de malheur pour allonger son corps !... Parlez-moi d'un bon lit ou d'un fauteuil profond, devant une table où les vins rient, avec leurs commères les viandes.

— Seigneur cavalier, pouvez-vous me dire un cimetière où reposer mes ossements ? »

Le roulier repartit :

« Ma maison est à quelques lieues d'ici. Je vis seul comme un chat-huant. Venez avec moi. Vous paraissez, monsieur, un grand original. Vous me distrairez. Nous mangerons la soupe aux oignons frits, des saucisses au raifort, du concombre farci dans l'huile. Nous boirons du vin de la côte de

Zellenberg. Après quoi nous présenterons nos jambes aux bûches et nous nous endormirons la conscience tranquille. Montez en croupe ! »

Le voyageur hésita un instant, puis s'exécuta. Il était armé de pied en cap. Le roulier arrêta sa bête devant sa petite maison, et sitôt entré souffla sur les bois qui crépitèrent au foyer et lancèrent une lueur vive. La soupe se mit à chanter. Il la versa dans deux écuelles de terre, et comme il se tournait pour les poser à table, il aperçut son invité, qui avait écarté son manteau, relevé son heaume et abattu les lambrequins sur ses épaules : son corps était un squelette et le sang qui coulait de ses larges yeux avait décoloré une chaîne d'or à croix d'ivoire qui apparaissait collée aux côtes.

Alors le roulier se mit à trembler.

« Roulier, le corps du duc Charles de Bourgogne n'a pas été retrouvé d'entre les morts. Ce corps, le voici ! »

Et de son propre index décomposé, le cadavre touchait la place où avait battu son cœur. Puis soudain il disparut.

Une année s'écoula, et à la Chandeleur de 1479, le roulier qui buvait chez lui, de concert avec des amis de la route, racontait à la tablée que le Téméraire était venu s'asseoir à sa table, l'année précédente, à la même heure. Les amis s'esclaffèrent et l'on cite un homme de Molsheim qui dut boire douze pintes, tandis que minuit sonnait, tant sa gorge avait été salée par le rire. Mais quelqu'un heurta la porte, puis l'ouvrit violemment, comme eût fait un coup de vent. Les têtes se tournèrent. Le Téméraire se tenait sur la marche, suivi du Grand Sénéchal de Bourgogne, que six pleurants vêtus de noir portaient couché sur leurs épaules ; et derrière, il y avait tout sanglant, Jean sans Peur, qui périt transpercé par dix-huit poignards sur le pont de Montereau-Fault-Yonne ; et Philippe le Hardi que recouvraient les ailes d'or de deux

L'artiste allemand Josef Kaspar Sattler (1867-1931), qui un temps enseigna à Strasbourg, a laissé une œuvre imprégnée de culture médiévale et de ses aspects légendaires, parfois morbides – Bibliothèque municipale de Colmar.

anges de marbre ; et Philippe le Bon avec son épée noircie aussi grande que sa dépouille. Et les vieilles bandes bourguignonnes massacrées, pêle-mêle, leurs armes rouillées, leurs enseignes déchirées, gisaient et recouvraient la blanche terre d'hiver, sous la lune, à l'infini.

« Rouliers, prenez vos meilleurs chariots, prenez vos meilleurs chevaux, et portez-nous vers un cimetière où reposer nos ossements. Là, creusez une fosse bien large et bien profonde pour enterrer les Bourguignons avec leurs espérances !… »

Il disait cela, se souvenant que jadis il avait levé son fer contre celui du roi de France, qui lui trouva le repos sous une dalle grise, à Notre-Dame de Cléry[18] ; il disait cela, se souvenant qu'il avait rêvé d'asservir les Flamands, les Comtois, les Suisses, les habitants des rives du Rhin paternel, et les villes libres de l'Alsace qui se liguèrent ensemble pour tuer sa puissance.

La plainte fut répétée toute la nuit. Et voilà pourquoi, au jour de la Chandeleur, les rouliers et maîtres de postes ne feraient aucun service sur aucun chemin, sur aucune route, pour tout l'or du monde... Ils craignent de rencontrer le Téméraire, dont on n'a jamais retrouvé le corps, et qui demande aux passants une place pour dormir.

Jean Variot, le premier à publier cette légende, insiste beaucoup sur son authenticité : elle fut contée à son arrière-grand-père, M. du Hazier, vers 1835, par son garde-chasse alsacien qui aimait *« faire des contes de sa jeunesse »*. Elle fut transmise à l'auteur par sa grand-mère. Et certes elle appartient au grand thème de l'immortalité de certains personnages. Bien des gens ne crurent pas à la mort du Téméraire sous les murs de Nancy. Certains disaient qu'il s'était retiré dans un ermitage, d'autres assuraient qu'il préparait son retour... Et dans le *Serment des Foulx* imprimé à Lyon au XVIe siècle, on lit :

Des Bourguignons la grant folie
Qui disoyent leur duc estre en vie[19].

Charles le Téméraire vu en 1652 par un artiste inconnu – Collection Albert Colombet.

18 – Si Louis XI et son épouse furent bien inhumés à la basilique Notre-Dame-de-Cléry, sur la commune de Cléry-Saint-André, leur repos fut de courte durée : les protestants détruiront leur tombeau en 1562 et même découperont le plomb des cercueils pour le fondre...

19 – Cité par Paul Sébillot dans *Le Folklore de France*, tome quatrième, Paris, Maisonneuve et Larose, 1968, p. 358.

LES REVENANTS D'OISELAY

Où l'auteur vous emmène
en Haute-Saône,
où longtemps survécut le souvenir de terribles exactions

1479 : les Français sont en Franche-Comté. Ils massacrent, pillent, volent, violent… et les souvenirs qu'ils laissent dans la mémoire collective de ce pays, qui ne deviendra français qu'en 1678, sont sanglants.

Ainsi, le siège du château d'Oiselay, en Haute-Saône. Un siège long, difficile, marqué par une tentative de négociation de la part des Français qui cachait une trahison, et par – dit la légende – un carnage effroyable.

Le seigneur d'Oiselay est mort, victime des blessures reçues au combat. C'est sa femme qui prend la suite et commande héroïquement la défense. Elle n'hésite pas à user de la hallebarde et de l'épée ! Son exemple galvanise ses maigres troupes… qui finissent, à la Saint-Jean d'été, par succomber sous le nombre.

Les Français vont-ils rendre hommage à tant de bravoure guerrière ? Que nenni ! La tradition, sinon l'Histoire, conte ainsi la fin de ce siège :

Les Français emportés par la vengeance commirent des atrocités : les soldats et les serviteurs furent massacrés, le château pillé, le corps de la comtesse exposé à toutes sortes d'outrages. Ils mirent le feu partout où il put prendre, et on y jeta pêle-mêle les corps des personnes tuées dans l'action. En guise d'excuses, les vainqueurs firent valoir que la chaleur était grande, et qu'ils craignaient quelque épidémie.

Depuis cette malheureuse scène, tous les ans, à pareille époque, à minuit, on aperçoit sur la hauteur qu'occupait la forteresse de grands feux, puis on y entend un bruit de combattants, les flammes cessent, le glas funèbre des cloches se fait entendre, une procession paraît, fait le tour de la montagne ; on reconnaît en tête l'aumônier revêtu de ses habits sacerdotaux, puis vient le seigneur d'Oiselay et sa dame, le damoisel[20] suivi des hommes armés et des serviteurs morts sans confession dans cette malheureuse journée, et dont les corps n'ont pas été mis en terre consacrée.

Légende, oui… Mais, dans les années 1960, comme il visitait les ruines du château, l'écrivain-paysan Jean Robinet reçut cette recommandation : « Allez-y aujourd'hui si vous voulez, mais surtout pas demain : demain, c'est la Saint-Jean, et il s'en passe de bizarres, là-bas. »

Et Jean Robinet de me dire : « *Évidemment, dès après dîner, j'y suis allé aussi le lendemain… Et je n'ai rien vu ! Mais j'aurais pu m'y promener tout nu en jouant du clairon, il n'y avait personne et quelque chose me disait que personne ne s'y risquerait.* »

20 – Ou damoiseau. Désignait alors un tout jeune homme.

Les ruines du château en 1828
– Collection de l'auteur.

Au temps où Oiselay avait des vignerons… Aujourd'hui, les vignes ont disparu, la nature reprend ses droits, la forêt a envahi et caché les ruines. Ces dernières années, un mur s'est éboulé, rendant très difficile l'accès aux pauvres restes : quelques pans de murs, pauvres chicots témoins d'un temps glorieux – Collection de l'auteur.

LA MORT DE JACQUES D'AMBOISE

Où l'auteur vous emmène
au château d'Aubijoux, dans le Cantal,
que quitta Jacques d'Amboise
pour s'en aller mourir à la bataille de Coutras,
au château du Mas, en Haute-Loire,
où un fantôme annonce la mort...
avec des gifles,
et enfin au château de la Ville-Even, en Côtes-d'Armor,
où une dame blanche se manifesta encore en 1886

C'est un livre très rare, peu connu des chercheurs, que le bibliothécaire pose devant moi, avec une paire de gants blancs et d'ultimes recommandations : *Guide historique, archéologique, statistique et pittoresque du voyageur dans le département du Cantal (Ancienne Haute-Auvergne).* Publié en 1861 à Aurillac, il a pour auteur un juge de paix, Henri Durif – en cette époque bénie où les notables, curés ou médecins, juges ou notaires, avoués ou hobereaux, consacraient leurs loisirs à l'histoire locale et ne rechignaient pas à rapporter traditions et légendes.

J'y lis ceci :

« Aubijoux était le chef-lieu d'une terre qui faisait partie du duché de Mercœur et de l'ancien dauphiné d'Auvergne. Cette seigneurie, érigée en comté par lettres-patentes de 1563, appartenait alors à Ludovic d'Amboise, neveu du cardinal, ministre sous Louis XII. Jacques, fils de Ludovic, lui succéda. On raconte, à son sujet, une tradition superstitieuse que j'ai recueillie.

Lorsqu'en 1587, Jacques d'Amboise quitta Aubijoux pour rejoindre l'armée royaliste, il remarqua dans la cour du château un mendiant nommé Dreil, qui le regardait tristement.

"Tiens !" lui dit d'Amboise, en lui jetant une aumône.

Le vieillard répondit par ce remerciement usité chez nos montagnards : "Que la main qui s'ouvre reste longtemps pleine !" Puis il ramassa l'écu d'argent, et quand le comte disparut, on vit Dreil verser quelques larmes.

Interrogé sur son chagrin, le mendiant expliqua : "Que ce matin même, au moment où Messire Jacques faisait, devant l'autel de la chapelle seigneuriale, sa prière d'adieu, lui Dreil, agenouillé dans un coin, avait vu le fantôme des d'Amboise se placer derrière le comte, et y rester silencieux. Comme son apparition présage toujours une mort, tenez pour certain, ajouta Dreil, que le maître d'Aubijoux ne reviendra plus."

Deux mois après, Jacques d'Amboise fut tué à Coutras.»

Le château d'Aubijoux, est situé sur la commune de Marcenat.

Le château du Mas

Bien des châteaux ont leur fantôme annonciateur d'une mort prochaine, dans la famille ou dans le village. On en trouve beaucoup en Écosse – évidemment, c'est la patrie des fantômes : ce sont les *banshees*. En France, on en signale un peu partout, mais bien souvent ils ne font plus parler d'eux depuis des siècles. Sauf au château du Mas, à Saint-Just-près-Brioude, en Haute-Loire... L'histoire est contée par le baron du Roure :

« Or, il y a fort longtemps, une châtelaine du Mas, qui n'avait pas gardé, avec toute la fidélité désirable, l'honneur de son mari, mourut sans confession. Dieu la condamna à revenir sur terre pour prévenir ses descendants chaque fois qu'un malheur les menacerait. Quand quelqu'un devait mourir, la dame blanche rôdait plusieurs nuits de suite autour du château, puis pénétrait dans la grande chambre, où elle réveillait ceux qui dormaient en les giflant, puis elle disparaissait.

La dernière fois que l'on prétend l'avoir vue, c'est le 13 décembre 1880, à la mort d'une dame, mariée à un descendant de la dame du Mas.»

Il se dit dans le village que la dame blanche serait apparue plus récemment encore, mais qu'il est préférable de n'en point parler, *« on ne défie pas ce qu'on ne connaît pas.»*

La dame blanche de la Ville-Even

C'est la propriétaire du château de la Ville-Even, à Saint-Pôtan dans les Côtes-d'Armor, qui, à la fin du XIXe siècle, conta à Paul Sébillot les faits suivants :

« Il y a un peu plus de trois siècles, le seigneur de la Ville-Even, mécontent des assiduités auprès de sa femme d'un de ses voisins et parents, le provoqua en duel, et une rencontre eut lieu près d'une pièce d'eau qui, depuis, est connue sous le nom de Mare aux Messieurs. Les deux hommes s'enferrèrent et moururent de leurs blessures, et ils furent inhumés dans le chœur de l'église paroissiale, sous le banc qu'ils occupaient comme seigneurs de la paroisse. Mais leurs âmes, coupables de meurtre prémédité, ont été condamnées à errer au-dessus de cette eau qui fut témoin de leur assaut furieux. Bien des gens ont vu, la nuit, leurs deux grandes ombres blanches se précipiter avec rage l'une sur l'autre, et l'on entend en même temps un bruit de ferraille, qui est le cliquetis de leurs épées.

Lorsqu'on annonça à la dame de la Ville-Even la mort tragique de son mari et de son cousin, elle tomba sans connaissance. Lorsqu'elle reprit ses sens, sachant qu'elle allait mourir, elle fit venir son fils aîné, qui n'avait alors que six ans, et lui dit : "Mon fils, ma place n'est plus en ce monde, et je vais aller retrouver ceux que je pleure ; mais je ne vous abandonnerai point. Écoutez-moi : lorsque vous ou vos descendants devront passer de vie à trépas, je reviendrai vous en avertir." La dame mourut peu après, mais elle a tenu sa promesse ; lorsqu'un de ses descendants doit mourir, on voit se promener aux environs du vieux manoir une dame blanche dont les longs cheveux flottent au vent, et qui a les mains jointes dans une attitude désespérée. Plusieurs personnes la virent en 1886, et vinrent en parler aux maîtres de la Ville-Even. Ceux-ci n'y firent guère attention, tout le monde étant bien portant à la maison, mais la semaine n'était pas écoulée que le maître tombait malade et mourait peu après.»

Vue romantique du château d'Aubijoux – Collection de l'auteur.

LE FANTÔME DU DUC DE GUISE

Où l'auteur vous emmène à Blois, où le duc de Guise fut assassiné, coupé en morceaux puis jeté dans la Loire

Henri de Lorraine-Guise, qu'on connaît mieux sous le nom de duc de Guise, était un homme aussi ambitieux que courageux. Il s'est couvert de gloire en combattant les Turcs en Hongrie, puis, en France, le parti protestant lors des guerres de Religion. Il n'avait pas 20 ans que déjà il voulait épouser rien moins que la sœur du roi – mais il se heurte au veto de la reine-mère, Catherine de Médicis. En ces temps troublés, le duc de Guise est soupçonné de vouloir renverser le roi et prendre le pouvoir. Vrai ? Faux ? Aujourd'hui encore les historiens ne sont pas d'accord entre eux, et ce n'est pas mon propos. Toujours est-il que le roi Henri III se croit obligé de se débarrasser de cet encombrant personnage.

Le 23 décembre 1588, Henri III convoque le duc de Guise en son château de Blois, dans son « cabinet vieux », voisin de la salle du conseil. Le duc de Guise pense qu'il va être nommé connétable... Mais il tombe dans un véritable guet-apens : huit fidèles du roi, l'épée ou la dague à la main, l'agressent. Il se défend vaillamment, blesse quatre de ses agresseurs, mais tombe sous le nombre.

Son corps est confié à François IV du Plessis de Richelieu, grand prévôt de France – et père du futur cardinal.

Ce grand catholique, qui a rendu d'immenses services à la France, va-t-il être proprement inhumé ? Même pas ! Le bourreau coupe le corps en morceaux, les trempe ensuite dans de la chaux vive, pour finalement se débarrasser des pauvres restes en les jetant dans la Loire.

Pareil destin et pareille mort devaient frapper les esprits, d'autant plus que le frère du duc, le cardinal de Lorraine, Louis II, est assassiné le lendemain, 24 décembre 1588.

Louis de la Saussaye (1801-1878) fut ce qu'on appelait à cette époque « un érudit ». Conseiller général, ami de Prosper Mérimée, recteur des académies de Poitiers puis de Lyon, président de la Société Nationale des Antiquaires de France[21], fondateur de la *Revue de Numismatique française*..., il fut aussi très impliqué dans la restauration de différents châteaux, dont celui de Blois. Et puis, il se pencha sur les légendes de son pays.

Le psychiatre canadien Henri Ellenberger (1905-1993) vécut un temps dans le Poitou. Lui aussi s'intéressa aux légendes et croyances de son pays d'adoption, et publia notamment

21 - Le sens des mots est changeant. Au XIXe siècle, un antiquaire était un homme qui s'intéressait aux choses du passé, à l'histoire, à l'archéologie...

dans *La Nouvelle Revue des Traditions populaires* d'Arnold van Gennep. Il eut accès à quelques-unes des notes inédites de Louis de la Saussaye, qu'il communiqua à van Gennep. J'ai pu consulter une partie des papiers de van Gennep chez sa fille, et voici notre duc de Guise qui « revient » :

« Blois. Vers 1850-1860, plusieurs personnes m'assurent que leurs grands-parents, ou plus avant encore, ont peu avant Noël, de nuit, croisé la route d'un spectre vêtu à l'ancienne mode. Il est décrit ainsi : haut de près de deux mètres, les vêtements rougis à plusieurs endroits à la poitrine, au dos et aux jambes, une épée à la main. Certains disent qu'il portait un couteau de l'autre main. On le voyait généralement le long de la Loire. Il n'a jamais marqué la moindre agressivité. On le nommait "le grand spectre", les témoins ne faisant aucune allusion au duc de Guise. Lequel fut assassiné deux jours avant Noël, de plusieurs coups d'épée et de dague. Lequel mesurait aussi près de deux mètres. Je pense qu'il s'agit là d'une légende en train de disparaître, née des circonstances terribles de la mort du duc de Guise au château de Blois. Le fait que le corps du duc fut dépecé et les morceaux jetés dans la Loire, sans le secours d'un prêtre, a certainement aussi impressionné les Blésois. »

L'assassinat du duc de Guise, vu par Paul Delaroche, huile sur toile, 1834 – Musée Condé, Chantilly.

SOUVENIRS DES GUERRES DE RELIGION

Où l'auteur vous emmène
dans le Cher, en bord de Rhône et en Dauphiné,
où l'on voit bien des âmes en peine…,
dans les Vosges, à Toulon et Fontenay-le-Comte,
où reviennent des curés
et à Ardes-sur-Couze en Puy-de-Dôme,
où vraiment Henri IV ne se conduisit pas en gentilhomme

Les guerres de Religion ont marqué la mémoire collective. Ainsi, à Léré, dans le pays de Sancerre : on sait que les protestants incendièrent la collégiale, cela, c'est de l'Histoire. Et la tradition ajoute qu'ils massacrèrent aussi des religieux en train de célébrer la messe, en une chapelle Saint-Lazare dont il ne reste rien. Mais jadis, à son emplacement, les soirs d'hiver, on pouvait voir des fantômes, revêtus d'habits liturgiques, marchant deux par deux, les mains cachant la tête. Ils se disposaient alors comme s'ils allaient assister à un office, avant de disparaître. On disait qu'ils revenaient terminer les prières interrompues par la tuerie.

Voilà qui n'est pas sans rappeler les nombreuses légendes de prêtres qui, morts avant d'avoir dit une messe déjà payée, « reviennent » en quête de quelque servant courageux pour les assister – ou celles de prêtres punis par Dieu, comme dom Balaguère, qui dans le conte d'Alphonse Daudet, *Les Trois messes basses*, paie les messes escamotées pour plus vite aller banqueter.

Bien que nous sortions quelque peu du cadre de ce livre, je ne résiste pas à l'envie de vous en conter quelques-unes. Écoutez donc, non pas Alphonse Daudet, mais l'abbé Fontaine, historien du petit village d'Aouze, dans les Vosges :

« (…) un sonneur sacristain s'était endormi dans l'église après l'Angélus du soir. À minuit il est éveillé par les pas d'un prêtre qui, dans l'ombre, s'avance de la sacristie revêtu des ornements sacrés, pour célébrer la messe. Il commence au pied de l'autel : "Introibo ad altare Dei" (Je vais monter jusqu'à l'autel de Dieu). Personne ne répond. Une deuxième fois, il reprend : "Introibo ad altare Dei". Même silence. Le prêtre alors se retire, le front voilé de tristesse. Le sonneur se dit : "C'est un revenant et un revenant qui peut-être revient depuis longtemps sans trouver personne qui lui réponde". La nuit suivante, il est de nouveau à l'église. Minuit ! Répétition de la même scène. Enfin il s'enhardit et quand le prêtre a prononcé pour la seconde fois : "Introibo ad altare Dei", il répond : "Ad Deum qui laetificat juventutem meam"

("Jusqu'à Dieu qui est ma joie et ma jeunesse"). Et le prêtre continue et achève sa messe, aidé par le servant qu'il attendait depuis de longues années. Et sa messe terminée, il se retira le front radieux de joie.»

L'église Saint-Vincent d'Aouze, où un prêtre «revenait» – Wikimedia Commons.

Le curé mort trop tôt

Laurent Jean-Baptiste Bérenger-Féraud est un peu oublié aujourd'hui. Il naquit à Saint-Paul-du-Var en 1832 et décéda à Toulon en 1900. Ce médecin-chirurgien de marine a publié plusieurs ouvrages sur les fractures et sur les maladies tropicales. En ces temps où la France avait des colonies, il fut en poste notamment au Sénégal, et se pencha sur les croyances et les contes des peuplades de la Sénégambie et de la Casamance. Mais il était provençal avant tout, et c'est à son pays qu'il a consacré la majeure partie de son œuvre en folklore. Il avait l'art de provoquer les confidences, le talent d'écouter. Ses témoins nourrirent ainsi les cinq gros tomes de *Superstitions et survivances étudiées au point de vue de leur origine et de leurs transformations*. C'est du tome IV que j'extrais cette légende :

«Dans une petite ville de Provence... J'ai même entendu préciser que c'était dans Toulon, à l'église Saint-Pierre d'après les uns, Saint-Jean d'après les autres, à la cathédrale d'après plusieurs conteurs. Il y avait un curé qui passa, un jour, de vie à trépas d'une manière assez rapide, et alors qu'il espérait vivre encore de longs jours. L'évêque lui donna un successeur ; et pendant quelque temps on put croire que tout était fini avec le mort, lorsqu'un événement vint montrer le contraire.

En effet, un matin à la première heure, le fils du bedeau, qui était enfant de chœur, et que son père employait dans divers travaux de propreté de l'église, vit l'ombre du curé défunt, devant le maître-autel, dans l'attitude d'un prêtre qui va commencer à dire la messe.

L'enfant effrayé se hâta de sortir de l'église et d'attendre que d'autres personnes fussent venues faire leurs dévotions, pour y rentrer ; mais il n'osa rien dire, tout d'abord.

Le lendemain, il revint à la même heure et vit la même apparition. Très préoccupé de ce phénomène, il se décida, alors, à en parler à son père, qui d'abord ne voulut pas y croire. Mais cette apparition se reproduisant avec persistance, on en parla au nouveau curé et à diverses personnes capables de donner de bons conseils.

Or, une d'elles dit que très probablement le pauvre Monsieur le Curé était mort sans avoir pu dire une messe, qui lui avait été commandée pour les âmes du purgatoire ; et qu'alors il souffrait de ne pouvoir la dire.

On conseilla donc à l'enfant de surmonter sa frayeur, de s'approcher de l'ombre la prochaine fois qu'il la verrait de nouveau, et de lui dire : "Monsieur le Curé, voulez-vous que je vous serve la messe ?"

On comprend qu'il fut quelques jours à se décider, mais, voyant que tous les matins l'ombre était à la même place, il s'approcha un jour, en tremblant, et dit ce qu'on lui avait conseillé de dire. L'ombre interrogée ainsi par l'enfant fit un signe d'acquiescement et se mit à dire la messe.

Le petit sacristain la servit bien dévotement, sans oser lever les yeux ; et lorsque la cérémonie fut finie, l'ombre s'évanouit pour ne plus reparaître désormais.»

Bérenger-Féraud note qu'on eut confirmation plus tard que le curé avait bien été payé pour une messe, et que la mort l'avait empêché de la dire. Il termine ainsi : *«J'ai entendu une variante de l'aventure, dans laquelle il est dit que le curé, avant de commencer la messe, dit à l'enfant qu'il ne devait pas lui relever la chasuble au moment de l'élévation. Or, l'enfant oublia cette recommandation, et lorsqu'il releva la chasuble, il vit que l'officiant était un squelette !»*

À l'église Notre-Dame de Fontenay-le-Comte

Cela se passait un soir de prière, dit la vieille d'un air convaincu, et toutes les femmes de ce temps-là vous le diront comme moi. Le curé de Notre-Dame de Fontenay avait dit la prière un peu tard, et, comme on était en hiver, il faisait nuit noire quand on sortit. Le sacristain fit le tour de la cathédrale et s'en alla par la Grand-Rue après avoir fermé à clef toutes les portes.

Maintenant, tout est noir dans l'église, on devine à peine les gros piliers, les vitraux qui laissent passer un peu de lumière de lune, et, au fond de la nef, le grand autel où tremble la vacillante lueur de la lampe. Malgré l'heure tardive, l'église n'est pas déserte, car, durant la prière du soir, une brave femme, la mère Louise on l'appelait – et que le bon Dieu lui pardonne – s'est endormie. Et elle est là, dans la grande nef, à gauche, près du deuxième pilier : les deux bras croisés, un chapelet à la main, la tête baissée sur la poitrine, elle dort bien tranquillement.

Les heures passent vite et voilà minuit. Les douze coups viennent de retentir au clocher, faisant tout trembler dans le grand édifice ; la sonnerie, courant de la grande porte à l'autel, roule de chapelle en chapelle avec fracas. La femme est troublée dans son sommeil par tout ce bruit ; elle s'agite, sa tête se relève, ses bras lentement s'allongent, se détendent, poings fermés, et un sonore bâillement s'échappe de sa bouche. La voilà qui ouvre les yeux... Mais quoi ? Rêve-t-elle ? Elle se croyait si bien dans son lit... Enfin, non, elle n'a pas la berlue, elle voit bien, elle entend bien... L'église est pleine de lumières comme aux plus grands jours de fête ; l'autel resplendit sous le flambois de cierges innombrables ; des fleurs couvrent les dattes du chœur et la forte odeur de l'encens flotte dans l'air comme aux grandes fêtes. Et là-bas, devant l'autel, un grand prêtre, vêtu de la chasuble noire, officie : il chante la messe des morts et psalmodie le *Dies irae* :

Quantus tremor est futurus,
quando iudex est venturus,
cuncta stricte discussurus.

Et il est seul dans la vaste cathédrale, personne dans les stalles, pas une ombre sur les bancs, pas même un enfant de chœur au pied de l'autel...

La pauvre femme est de plus en plus stupéfaite : « Nous ne sommes pas à dimanche, murmure-t-elle, et, hier jeudi, je suis bien venue à la prière. Puis, quel est ce vieux prêtre ? Ce n'est pas le curé de Notre-Dame. Je ne le connais pas, je ne l'ai jamais vu. Que dit-il ? L'office des défunts ?... Mais le jour des Morts est passé. Enfin, où suis-je ? Je ne comprends pas, je suis folle... Mais c'est bien Notre-Dame de Fontenay : voilà la chaire, je la reconnais bien. Enfin, quelle heure peut-il être ? Ah ! voilà les étoiles qui brillent là-haut, derrière les vitraux ! Ah ! mon Dieu il est nuit ! »

Au même instant, la sonnerie répète dans le clocher et les douze coups retentissent encore avec grand bruit. « Minuit ! » soupire la pauvre Louise, et voilà que mille pensées noires l'envahissent : Minuit ! mais c'est l'heure du sorcier courant au sabbat au pied des croix de granit, c'est l'heure où les revenants vont aux lieux qu'ils ont aimés, c'est l'heure où les cadavres se lèvent des cercueils et sortent livides de leurs tombes de pierre, où les âmes en peine vont en pleurant leur sort le long des chemins pierreux, où les lavandières de la mort tordent leurs suaires sanglants dans les eaux gelées, où les Belles Dames tout de blanc vêtues volent dans l'air glacé des nuits d'hiver, parmi les neiges blanches comme leur robe de tulle...

Et elle tremble, ses dents claquent. Enfin, que fait-il là, ce prêtre, tout seul ? Elle écoute, elle regarde. L'office continue, psalmodié d'une voix lugubre, mais, comme il n'y a ni chantre, ni enfant de chœur, les versets des psaumes restent sans répons. Chaque fois, le grand curé se retourne, le visage anxieux, et attend, les mains jointes, mais nul ne dit : *Amen !* Alors, il revient en chancelant vers l'autel, le front baissé, et c'est avec des larmes dans la voix qu'il continue le chant des morts.

L'instant de l'offrande est arrivé ; le prêtre descend de l'autel et s'avance vers la nef : « Donnez, dit-il, donnez pour l'âme en peine qui ne dort jamais ! »

Machinalement, la femme se lève et, tout en frissonnant, glisse, silencieuse comme une ombre, vers le prêtre. Elle fouille sa poche, y trouve une pièce de deux francs, la dépose dans le plateau et revient à sa place.

L'office va s'achever. L'*Agnus Dei* a été chanté, toujours sans répons. Le curé se tourne ensuite vers la nef, comme si elle eût été emplie de fidèles, et, les bras en croix, il dit en tremblant : « *Ite missa est !* »

Puis il attend. Rien, rien encore, nul ne termine l'office, nul ne dit : « *Deo gratias !* » Alors, ses traits se contractent, et c'est avec un soupir désespéré qu'il remonte vers le tabernacle. Il s'agenouille en sanglotant et reste longtemps ainsi. Mère Louise le voit ensuite se redresser et s'écrier, les bras levés : « Que la volonté de Dieu soit faite ! » Puis il porte vers la sacristie le plateau et la pièce ; il en revient quelques instants après, pâle comme un suaire et le front penché.

Alors, il se passe des choses à faire frémir.

Deux pierres se soulèvent au pied de l'autel et s'écartent comme deux battants de porte : un trou noir s'ouvre par-dessous. Le curé s'y laisse glisser et les deux dalles se rabattent avec un grand bruit sourd, étouffant ses soupirs.

Un vent de rafale souffle dans l'église ; l'odeur d'encens est emportée et les cierges, brusquement, s'éteignent.

Maintenant, seule dans la nuit, Mère Louise se sent devenir folle. Elle va vers la porte, mais celle-ci est bien close. Alors, la pauvre vieille, épouvantée, se tapit dans un coin et attend l'aube en disant son chapelet. Que les heures lui parurent longues ! Et ce sacristain qui ne venait pas sonner son *Angélus* ! À quoi pensait-il ? L'aube blanchissait déjà les piliers de l'église... Enfin, le voilà qui approche, elle entend ses pas sur le pavé de la rue. Il doit arriver au grand portail, la clef grince dans la serrure, la porte s'ouvre, elle est ouverte. Le sacristain n'a pas le temps d'avancer, un être affolé se jette sur lui.

« Comment ? Vous ici, Mère Louise ! »

Quand la vieille fut un peu remise, elle lui conta tout ce qu'elle avait vu et entendu dans cette nuit d'épouvante.

« Vous avez rêvé, Mère Louise

– Non pas, dit-elle, et la preuve, c'est que j'ai donné quarante sous au curé, et j'ai bien entendu le bruit qu'a fait la pièce en tombant. Et si vous ne me croyez pas, allez voir dans le plateau ! »

À la sacristie, on trouva bien, en effet, la pièce de deux francs.

« Il faut conter cela à la cure, Mère Louise », dit gravement le sacristain.

La nuit suivante, deux prêtres veillèrent dans l'église. À minuit, tous les cierges s'allumèrent et la cathédrale encore fut pleine de clarté. Puis, trois coups retentirent vers l'autel, et deux dalles se soulevèrent : un grand vieillard apparut, vêtu pour la cérémonie des morts. L'office commença, mais quand le vieux curé se retourna pour attendre les répons des choristes, deux voix. les deux prêtres, dirent ensemble : *« Amen ! »*.

« Je suis sauvé ! » murmura-t-il alors. Et quand à la fin de la messe, il chanta : *« Ite missa est ! »*, et que les deux prêtres eurent encore répondu, sa belle figure pâle souriait au ciel.

Les dalles se soulevèrent à nouveau, le prêtre s'avança sur le bord de la tombe, car c'en était une et, tournant vers les deux choristes son visage sur lequel la Mort avait mis toute son auguste grandeur, il étendit ses deux mains blanches comme la cire des cierges et murmura sa suprême bénédiction.

« Amen ! » dirent les deux prêtres

- Oui, *Amen !* reprit le mort de sa belle voix douce et triste, la volonté de Dieu est faite ! Voilà bien des années que, toutes les nuits, je sors de ma tombe, condamné que je suis par le Ciel de justice à chanter une messe que je devais de mon vivant et que, depuis ma mort, je ne pouvais achever, faute d'enfants de chœur. Merci ! ajouta-t-il encore en descendant dans son sépulcre, maintenant, si le Seigneur veut, je pourrai peut-être dormir tranquille sous la pierre de ma tombe, dans l'éternelle félicité des Justes. »

L'église Notre-Dame de Fontenay-le-Comte ; aujourd'hui, on y voit plus de touristes que de prêtres en attente du repos éternel, mais sait-on jamais ? Personne n'y va la nuit...
– Wikimedia Commons.

Le cavalier noir

Quittons ces récits de prêtres punis, pour revenir à l'Histoire. Du fier château d'Arras-sur-Rhône, dans l'Ardèche, il ne reste guère que le donjon, qu'on nomme la tour Blanche ou encore la tour de Soubise. On conte qu'à la fin du XVIe siècle, il fut habité par un certain Clavel, un capitaine huguenot qui avait bien du sang catholique sur les mains et l'âme. Il avait commis tant de crimes et de pillages que jamais il ne trouva le repos. Et, la nuit, cavalier noir sur cheval noir, il erre près du donjon.

Dans le même village, on voyait jadis un fantôme aux environs du Pont-Vieux. Mais personne n'a pu m'en dire la tragique histoire. De même, une croix aurait été érigée à un endroit où apparaissait un fantôme. Mais les croix sont nombreuses en ce village, et nul ne put me l'indiquer avec certitude...

Dans le bois de Brame-Farine

Le soir de la Toussaint, le bois de Brame-Farine, dans l'Isère, s'illumine de centaines de torches. À leur lumière danse toute une troupe de fantômes. On dit que ce sont ceux de protestants passés au fil de l'épée lors des guerres passées. À l'aube tout disparaît... y compris celui qui, trop curieux, serait entré dans le bois.

La duchesse de Mercœur

Fort curieusement, le massacre de Wassy semble n'avoir donné naissance à aucune légende. L'abbé Jean Durand y enquêta en vain dans les années 1970, suivi par Jean Robinet quelques années plus tard, puis par votre serviteur. Rien, aucune légende, pas la moindre croyance. Peut-être sommes-nous venus trop tard...

Quant à Henri IV, s'il a laissé plusieurs légendes de son passage ou de combats, si la tradition en fait un personnage bon vivant et sympathique, ce ne devait pas être l'avis du duc de Mercœur. Qu'on en juge : « *Le duc de Mercœur, alors partisan d'Henri IV, invita celui-ci à venir dans son château qui domine le village d'Ardes-sur-Couze, arrondissement d'Issoire. Pendant que le duc était à combattre ses ennemis, Henri IV séduisit la duchesse, et son mari, en ayant été averti, tua sa femme et la jeta du haut de la muraille qui était très à pic ; puis le duc se fit ligueur. Il ne reste plus qu'un pan de mur ; mais le 29 octobre, jour de fête dans le pays, et qui est l'anniversaire de la mort de la duchesse, le château redevient ce qu'il était, et, à deux heures après minuit, on voit le duc poignarder sa femme et la précipiter du haut de la muraille. Mais personne n'ose aller s'assurer du fait, car tous ceux qui ont eu la curiosité d'y aller n'en sont jamais revenus.* »

Du fier château de l'infortuné duc de Mercœur, il ne reste guère que cette ruine, qu'on nomme irrévérencieusement « le Doigt » – Wikimedia Commons.

À gauche :
La tour de Soubise domine le Rhône, mais on y croise plus de randonneurs que de fantômes – Wikimedia Commons.

HENRI IV ET LE GRAND VENEUR

Où l'auteur vous emmène en la forêt de Fontainebleau, où Henri IV vit le Grand Veneur

L'historien Pierre Matthieu, dans sa très sérieuse *Histoire de France et des choses mémorables advenues aux provinces estrangeres durant sept années de paix du règne du Roy Henri IIII, Roy de France & de Navarre*, rapporte cette curieuse anecdote :

« *Le Roy chassant en la grande Forest de Fontainebleau entendit comme à une demi lieuë loing de l'endroit où il estoit des iappemens de chiens, le cry & le cor des chasseurs, & en un moment tout ce bruit qui sembloit estre bien esloigné, se presenta à vingt pas près de son oreille : Il commanda à Monsieur le Comte de Soissons de brosser & pousser auant pour voir ce que c'estoit (...) Le Comte de Soissons s'aduançant entendit le bruit sans voir d'où il venoit. Un grand homme noir se présente dans l'espaisseur de ces broussailles, qui cria : M'entendez-vous ?, et soudain à cette parole disparut.* »

Matthieu précise que « *les pastres des enuirons disent que c'est un esprit qu'ils appellent le grand Veneur, qui chasse par cette forest, les autres tiennent que c'est la chasse sainct Hubert qui s'entend en d'autres lieux.* »

Cet historien était un familier d'Henri IV, avec qui il conversait souvent, et de sa cour. Il rapporte ce que le roi et d'autres seigneurs ont vu et lui ont répété. Il a soin de préciser qu'il s'agit d'une « *vérité affermee par tant de bouches, & esclairee par tant d'yeux, n'eust osté tout subiet de douster.* »

Depuis, on a avancé d'autres hypothèses : un braconnier habilement déguisé – mais pourquoi se serait-il montré ? –, « deux gueux » qui maîtrisaient l'art d'imiter les bruits d'une chasse, et que des inconnus auraient utilisés, ou un assassin qui avait pris les apparences d'un spectre – ces deux dernières hypothèses sont avancées par Collin de Plancy dans son *Dictionnaire infernal*[22], mais il n'explique pas ni qui ni pourquoi on aurait fait appel à ces imitateurs, et il oublie que l'homme noir n'a montré aucune intention d'attaquer qui que ce soit. Ravaillac n'eut pas besoin d'apparitions pour tuer Henri IV.

Le chapitre suivant aidera le lecteur à se faire (ou non) une opinion.

Mais ne quittons pas trop vite le Grand Veneur : on le retrouve dans plusieurs contes pour enfants, mais aussi, et c'est plus surprenant, dans un roman de Michel Butor, *La Modification* :

« *Dehors, sous la pluie, passait la forêt de Fontainebleau dont les arbres étaient encore*

22 – J. Collin de Plancy, *Dictionnaire infernal*, sixième édition, Paris, Henri Plon, 1863, p. 685.

La rencontre du roi Henri IV avec le Grand Veneur, dessin d'Édouard Riou publié dans *La Chasse illustrée*, novembre 1873 – Collection de l'auteur.

garnis de feuilles que le vent arrachait comme par touffes et qui retombaient lentement pareilles à des essaims de chauves-souris pourpres et fauves, ces arbres qui en quelques jours ont perdu tout leur apparat, sur lesquels il ne restait plus tout à l'heure, au bout de leurs branches sévères, que quelques fines taches tremblantes, quelques rappels de cette pompe alors si généreusement répandue qu'elle fourmillait jusque dans les clairières et les halliers, et il vous semblait voir apparaître, cause de tout ce remuement, à travers taillis et futaies, la figure d'un cavalier de très haute stature, vêtu des lambeaux d'un habit superbe dont les rubans et les galons métalliques décousus lui faisaient comme une chevelure de ternes flammes, sur un cheval dont transparaissaient à demi les os noirs semblables à d'humides ramures de hêtre se carbonisant, à travers ses chairs flottantes, ses fibres détachées, ses lanières de peau claquantes qui s'ouvraient et se refermaient, la figure de ce grand veneur dont vous aviez même l'impression d'entendre la célèbre plainte : "M'entendez-vous[23] ?"»

23 - Michel Butor, *La Modification*, Paris, Les Éditions de Minuit, 1976, p. 116.

LE CHASSEUR DE LA MOTHE

Où l'auteur vous emmène à La Mothe, ce symbole de l'indépendance lorraine rejeté en Haute-Marne par des gens prudents ou méfiants, et en quelques autres lieux où errent des chasseurs maudits

Le thème du chasseur maudit condamné après sa mort à chasser sans fin ou jusqu'à la rencontre, très hypothétique, d'une âme aussi compatissante que courageuse se retrouve dans toutes les provinces de France, et ailleurs aussi, comme en Allemagne ou en Angleterre, en Norvège ou en Suède, au Canada ou en Espagne, en Italie ou aux États-Unis. Il rejoint d'ailleurs souvent le thème archi-classique de la chasse fantastique, avatar d'une vieille croyance germanique, qui porte plusieurs noms selon les régions et les témoins : chasse Saint-Hubert dans le Morvan, chasse Saint-Eustache en Normandie, chasse du roi Hérode en Franche-Comté, chasse Gayère dans le Bourbonnais, chasse Galerie en Vendée, chasse Helquin en Anjou, chasse Arthur en Bretagne, chasse Bôdet dans le Berry, chasse du Diable dans les Ardennes belges...

Et Mesnie Hennequin dans les Vosges. Ainsi, selon Eugène Martin, on l'entendait à Saint-Remy, « *partant de Charonville ou du Faing-Créqui, elle promène par les nuits d'orage sa chasse infernale, à la lugubre rumeur entremêlée du son d'une clochette, de bruits de chaînes, d'aboiements rauques, de cris plaintifs. Sa rencontre terrorise et présage un malheur. Un cultivateur de Saint-Remy l'a vue et entendue ; le lendemain une de ses vaches périssait. Il dut, sur la prescription d'un contre-sorcier, enterrer la bête sans l'écorcher et lui placer les pattes en l'air dans la fosse. S'il ne l'avait pas fait, la mortalité se serait étendue sur tous ses animaux*[24]. »

La croyance en cette chasse maudite est très ancienne : Amélie Bosquet en signale une relation normande datant de 1091[25] !...

Elle a notamment été étudiée par Claude Lecouteux, dans *Chasses infernales et Cohortes de la nuit au Moyen Âge*[26], et a inspiré Fred Vargas qui lui fait rencontrer son commissaire Adamsberg[27], ou encore Laetitia Bourgeois, dans *La Chasse sauvage*[28] – même si les cavaliers se révèlent être des déserteurs devenus brigands. Parmi les auteurs plus anciens, rien moins que Goethe, Friedrich de La Motte-Fouqué, George Sand...

S'il existe bien des récits de chasse fantastique, j'ai choisi ici de retenir les chasseurs maudits, punis par Dieu ou Diable pour leur cruauté, leur impiété ou leur négligence.

---

24 – Eugène Martin, « Folklore de Saint-Remy, Vosges », dans *Le Pays Lorrain*, Nancy, 1907, p. 314.

25 – Amélie Bosquet, *La Normandie romanesque et merveilleuse, Traditions, légendes et superstitions populaires de cette province*, Paris, Techener, 1845, p. 72.

26 – Paru chez Imago à Paris, en 1999 puis 2013.

27 – *L'armée furieuse*, chez Viviane Hamy à Paris, en 2011.

28 – Chez Privat à Toulouse en 2009, réédité par 10/18 en 2011.

Die Wilde Jagd, la Chasse sauvage, vue par Johann Wilhelm Cordes, vers 1864 – Musée Behnhaus, Brême.

Le chasseur de La Mothe

La Mothe outragée ! La Mothe brisée ! La Mothe martyrisée ! La Mothe effacée !...

Rien ! Il n'en reste rien ! Que quelques pierres perdues sous la végétation. Un peu du chevet de la collégiale. Les pauvres restes d'une porte. Depuis bientôt quatre siècles, la nature a repris ses droits. Elle efface ainsi un des grands crimes commis par la France contre le peuple lorrain.

De 1634 à 1645, la ville-forte de La Mothe a résisté à quatre reprises aux troupes françaises. En 1634, c'est Richelieu qui ordonne le siège puis qui fait occuper la ville. Rétrocédée en 1641 au duc de Lorraine, La Mothe est assiégée dès l'année suivante, et libérée par le duc Charles IV de Lorraine, qui bat les troupes françaises à Liffol-le-Grand. Dès la fin 1642 les Français reviennent mettre le siège ; ils en partiront à la mort de Louis XIII. Pour revenir en 1644, sous les ordres d'un Mazarin qui veut en finir avec cette citadelle lorraine. Après plus de 200 jours de siège, qui ont vu l'utilisation de bombes, qui ont entraîné famine et maladies, La Mothe, le 1er juillet 1645, se rend. Il y a alors là environ 3 000 personnes, des soldats et des civils, car La Mothe est aussi un important centre commercial. Mazarin a promis monts et merveilles aux assiégés, mais déjà à cette époque les promesses n'engagent que ceux qui y croient. Contre les accords signés, les Français expulsent tout le monde, puis ils entreprennent de démolir non seulement les fortifications, mais encore les bâtiments, et jusqu'à l'église ! Des centaines d'hommes des environs sont requis, et, à grands coups de pics, par les flammes et par la poudre, ils entreprennent de tuer La Mothe. Il ne doit pas rester une pierre debout. Même l'eau ne trouve pas grâce : un puits est empoisonné au mercure !

Meurt ainsi un des symboles de l'indépendance lorraine. Et le pauvre État ne tardera guère à tomber dans l'escarcelle du roi de France... La Lorraine devient officiellement française en 1766. Son dernier duc, Stanislas, imposé par la France, n'avait d'ailleurs aucun réel pouvoir, et c'est déjà Versailles qui tirait les ficelles. À la Révolution, certains crurent prudents de ne pas laisser ce symbole à la Lorraine, et c'est ainsi que La Mothe, ou du moins ce qu'il en restait, intégra le département de la Haute-Marne[29].

Terrible histoire qui marqua les esprits, et qui fit naître un chasseur fantastique en la personne de Sébastien Maillefert, capitaine du duc Charles IV. Il était à La Mothe, lors du dernier siège. Hélas ! ce capitaine aimait un peu trop la chasse, si bien qu'il négligeait ainsi ses devoirs militaires. Alors qu'il était chargé d'une mission essentielle pour la défense de la place, le capitaine alla à la chasse. Certains disent qu'il trouva la mort en chassant, d'autres qu'il fut tué par les Français. Qu'importe ! pour avoir négligé son devoir, le capitaine fut condamné à chasser chaque nuit, sans repos. Son châtiment ne prendra fin que lorsqu'un prêtre retrouvera son cadavre et le bénira. Et la nuit, dans ces campagnes entre Vosges et Haute-Marne, aux veillées, on entendait parfois quelque cavalcade sourde, un cor retentir au lointain, le cri formidable du chasseur. Des voyageurs attardés apercevaient un cavalier tout de noir vêtu. « Voilà le chasseur de La Mothe qui passe ! », disait-on craintivement en se signant. Et le lendemain, dans la terre mouillée, on voyait les empreintes des pieds de son cheval ferré à l'envers. Avec lui passait une part maudite de l'histoire lorraine, et le terrible souvenir de la place et de la ville de La Mothe, dont il ne reste rien, je vous l'ai dit. Rien ? Pas tout à fait : au milieu des ruines, on inaugura en 1897 un monument marqué d'une croix de Lorraine. Et qui paradoxalement incarna alors la volonté française de reprendre la Moselle et l'Alsace.

Comme quoi un même site peut incarner un patriotisme lorrain dirigé contre les Français, puis un patriotisme français dirigé contre les Allemands occupant une partie de la Lorraine…

L'Histoire a de l'humour. Noir.

1

2

29 – *La Mothe, Citadelle lorraine aux confins de la Champagne*, catalogue d'exposition, Nancy, Musée historique lorrain, 1996. Nicole Villa-Sébline, *La Sénéchaussée de La Mothe et Bourmont des origines à 1645*, Langres, Dominique Guéniot, 2002.

3

Pages précédentes :
1. La Mothe était ville-forteresse, elle n'est plus qu'une ville-fantôme aux chicots de murs envahis par la forêt – Photo Valeriia Taran.
2. Des fiers et redoutables remparts ne subsistent que quelques pans de murailles et un passage où erre le souvenir des courageux défenseurs – Photo Valeriia Taran.
3. La rue principale, jadis bordée de maisons, de commerces et d'échoppes, n'est plus que chemin forestier, et on est tout surpris d'y voir les marches d'un escalier qui ne descend plus dans une cave – Photo Valeriia Taran.

La chasse du baron d'Aigremont

Je vais vous conter quelques histoires illustrant la plupart des thèmes de ces chasseurs maudits. Ainsi, oyez donc la terrible histoire du baron d'Aigremont, qui doit à sa cruauté d'être resté dans la mémoire collective.

Le baron d'Aigremont régnait sur les terres d'Aigremont et de Larivière. C'était un fieffé coquin. Il faut dire qu'il avait de qui tenir : ses ancêtres avaient toujours vécu de la sueur des pauvres gens et lui aussi les dévalisait sans vergogne, vidant huches et greniers, n'y laissant même pas de quoi nourrir une souris. Mais il ne se contentait pas de cela : si ses manants avaient à redouter la faim, ils avaient à craindre plus encore tortures et pendaisons. Pour un oui, pour un non, le pauvre serf était pendu haut et court et sa carcasse séchait aux vents et au soleil. Les seuls à manger à leur faim, dans ce pays, c'étaient le baron et ses gens d'armes, et les corbeaux qui attendaient sur quelque branche le prochain pendu. Et ils n'avaient guère à attendre, tant le baron traitait son monde comme un Sarrasin n'aurait pas osé le faire.

Un jour, un des gens d'armes du baron errait dans les domaines de son seigneur, scrutant chaque masure à l'affût d'un mauvais coup. À Larivière, il flaira une bonne odeur de cuisine. Voilà qui était étrange dans un pays où les drôles se nourrissaient de racines et d'herbes ! Il chercha, humant l'air comme un chien, et poussa la porte d'une misérable chaumière. Là, il vit un homme près du feu, occupé à remuer dans un pot des petits morceaux de viande ; près de lui, couchée, le visage blanc comme un suaire, une femme tendait à un nouveau-né un pauvre sein tari.

« Eh ! bien, Pierre ? Tu fricotes ? Et du lièvre encore !

– Grâce, maître, grâce ! Ma pauvre femme meurt de faim. Elle ne peut nourrir notre nouveau-né. C'est pour elle que j'ai pris la bête. Grâce !

– Viens, Pierre, viens avec moi. Le baron sera content d'apprendre que tu bricoles sur ses terres. »

Il emmena le pauvre homme, portant son pot, jusqu'au baron, qui entra dans une colère immense. Quelle punition infligée à un tel criminel ?

« Ah ! tu aimes la chasse, mon brave ! On va t'en donner ! Qu'on amène les chiens et qu'on descende ce manant dans la cour ! »

Quelques instants plus tard, le pauvre Pierre était au milieu de la cour du château, entouré de mille chiens. Le baron se reput à son aise de la terreur de ce malheureux braconnier. Puis il sonna la curée du sanglier et les chiens se jetèrent sur Pierre. On le vit se débattre au milieu d'une foule aboyante et grognante, et bientôt il ne resta plus de lui que quelques lambeaux de chair traînés par les chiens.

Le lendemain, le baron alla à la chasse avec ses gens d'armes. Ils étaient derrière un loup immense, inconnu dans la région. Le loup allait si vite, si vite, que bientôt il lâcha chiens et gens d'armes. Ne restaient à le poursuivre que le baron, qui possédait le meilleur cheval, et un chien, un seul chien. La nuit était venue.

Le chien abandonna, hors d'haleine. Le cheval, fourbu, s'arrêta lui aussi. Le baron n'eut pas le temps de se demander ce qu'il allait faire : le loup revenait, hurlant comme Diable. Le chasseur était devenu gibier. Le baron prit ses jambes à son cou et courut, courut, courut dans la forêt, le loup à ses trousses.

Il court encore. Parfois, dans la nuit, on entend entre Aigremont et Larivière les hurlements d'un loup et les cris de grâce d'un homme. C'est le baron d'Aigremont qui paie ses crimes et ceux de sa famille ; pendant mille ans elle a exploité le pauvre peuple, pendant mille ans le baron sera chassé par le loup, sans trêve ni merci.

Le seigneur de Dannevoux

La légende du baron d'Aigremont est intéressante à plus d'un titre : elle intègre le thème du chasseur maudit ; elle fait du loup, dont le rôle dans la littérature orale est rarement bénéfique, un justicier. Pareil rôle est moins marqué dans cette légende meusienne totalement inédite :

On disait que dans le temps, à Dannevoux, il y avait un seigneur si féroce que certains se demandaient s'il n'avait pas partie liée avec le Diable. La moindre peccadille était punie de mort. Il avait même bastonné le curé de Gercourt qui lui reprochait d'abuser de son droit de cuissage.

Sa grande passion, c'était la chasse. Et sa grande joie, c'était de capturer un loup vivant : il le pendait alors par la queue à une forte branche, et s'amusait beaucoup à le torturer. Il le brûlait, ou il le lardait de coups de lance, ou il lui crevait les yeux, ou il le dépiautait tout doucement... La pauvre bête hurlait de douleur, et le seigneur riait bien fort à ce spectacle.

Un jour, lui et ses gens poursuivaient un loup qui les emmena du côté de Sivry. Le seigneur était en tête, suivi à une vingtaine de mètres de ses valets. Le loup galopait le long de la Meuse, quand tout à coup il se retourna et se jeta dans les jambes du cheval du seigneur. Cheval et cavalier tombèrent dans la Meuse. Le cheval en sortit tout seul ; le seigneur se noya et on ne retrouva pas son corps.

Depuis, certaines nuits, à Sivry et à Consenvoye, on voit l'ombre d'un cavalier lancé au grand galop, et on entend des lamentations : c'est le seigneur de Dannevoux, que Dieu avait damné en punition de ses crimes.

Jean des Baumes

Le chevalier Jean des Baumes vivait au XIIe siècle. Comme tous les nobles en ces temps-là, il avait la passion de la chasse. L'Église lui permettait de chasser tous les jours, sauf le dimanche, qui était réservé au Seigneur. Au début, Jean des Baumes ne chassait pas le dimanche. Mais, de passion, la chasse devint obsession, et le dimanche fut pour lui un jour comme les autres.

On le mit en garde, on lui conseilla de revenir à de meilleurs sentiments, mais Jean des Baumes n'écoutait plus la voix de la sagesse. Plus rien ne l'intéressait, que la chasse.

Aussi, Dieu, pour le punir de cet affront, le condamna à vivre éternellement, et à chasser, à chasser, à chasser...

Dans les bois proches, près de la grotte qui est devenue son domaine, et jusque dans les villages voisins, on entendit longtemps la chasse de Jean des Baumes. Lorsque le temps est à la pluie, et que le brouillard recouvre les environs, on voit une petite nappe de brume qui tourbillonne au-dessus de la forêt des Baumes : c'est le chevalier Jean qui, entre deux chasses, fume sa pipe.

Rozerotte a une rue Jean des Baumes. Il est bien rare qu'un fantôme soit ainsi honoré par une municipalité...

S'il n'était devenu fantôme dans la mémoire collective, quelle municipalité aurait eu l'idée d'honorer un obscur chevalier qui vivait au XIIe siècle ? – Photo Valeriia Taran.

Le seigneur de la Haute-Pierre

Certains chassent le dimanche, d'autres font pire encore : ils chassent pendant la nuit de Noël ! Ainsi, le seigneur de la Haute-Pierre, près de Moyenmoutier. Pour le punir, Dieu le condamna à chasser chaque nuit de Noël un brocard aux yeux flamboyants. Le seigneur et ses valets le poursuivent autour du lac de la Maix et dans les forêts voisines, sans jamais l'attraper. Et il en sera ainsi jusqu'à la fin des temps…

Les seigneurs d'Arches

Les seigneurs d'Arches faisaient régner une terreur épouvantable dans toute la région. Eux aussi on les disait liés au Diable. À Bellefontaine, on en avait une telle crainte que tous les habitants s'en allèrent, et que le lieu resta désert pendant plus d'un siècle, avant que des habitants de Raon-aux-Bois ne viennent s'y installer. Pourtant, les seigneurs d'Arches n'étaient plus que mauvais souvenirs. Mais on disait que la nuit, dans les forêts, on voyait un chasseur tout de noir vêtu monté sur un cheval dont les naseaux lançaient des flammes. C'était un seigneur d'Arches, puni pour ses méfaits. Il était condamné à chasser éternellement. Pour l'obliger à aller hanter d'autres lieux, on truffa les voies du village de croix – et, en effet, sur place, j'ai pu en compter une vingtaine –, si bien que le cavalier devait sans cesse faire tourner bride à sa monture.

Une nuit qu'il était repoussé par une nouvelle croix dressée sur son chemin, le seigneur maudit tomba dans l'étang de la Pierrache où il disparut à jamais.

Jolie légende… Il est rare d'entendre parler d'un fantôme qui périt noyé !…

Thibault le Tricheur

« Au Blaisois, la chasse est dite des Machabées, et le chasseur maudit devient Thibault le Tricheur, comte de Blois, puni pour avoir méconnu les lois de l'Église et celles de l'humanité. » Premier comte de Blois, né en 910, décédé entre 975 et 978, il fut un des grands de son époque, un temps même quasi-régent de la Neustrie, et sa puissance était telle qu'elle inquiétait Hugues Capet. Son âme drapée de noire dirige cette chasse fantastique, qu'on signale dans les environs de Blois et de Chartres, mais aussi au château de Bury à Molineuf, aux ruines de la forteresse de Montfrault à Chambord, à Montrichard, et bien plus loin encore, aux alentours du château de Coucy-le-Château-Auffrique, dans l'Aisne, que Thibaud assiégea victorieusement en 964, ce qui lui valut d'être excommunié par l'archevêque de Reims.

LE FANTÔME DE LA CONNÉTABLE

Où l'auteur vous emmène
au château de Chantilly,
où les gens les plus sérieux virent un bien curieux fantôme

C'est une bien curieuse histoire, où il est question de magie, de pacte avec le Diable, d'apparition… Or donc, en 1593, Henri Ier de Montmorency, Connétable de France, épouse une jeune veuve sans fortune, Louise de Budos. Elle meurt cinq ans plus tard, le 26 septembre 1598, victime d'un assassinat, d'une apoplexie, on ne sait trop… Durant ce court mariage, elle a eu le temps de donner deux enfants à son mari, et d'être la maîtresse d'Henri IV. Peu après, le Connétable épouse la tante de Louis de Budos, une mésalliance qui fait jaser.

Dans ses *Mémoires*, Sully écrit que la mort de la Connétable, suivi en 1599 de celle de Mme de Beaufort, « *firent un très grand bruit (…) La contagion qui portait les esprits à la magie et aux sciences occultes* » n'avait pas épargné « *les courtisans mêmes* » et l'on crut que leur mort « *était, aussi bien que leur élévation, l'ouvrage du Diable, qu'il était venu se payer lui-même des courtes délices qu'il leur avait fait goûter.* » Et de conter que trois jours avant sa mort, la Connétable avait reçu la visite d'un homme « *tout noir, et d'une taille gigantesque* ». À sa mort, elle fit « *horreur à tous ceux qui la voyaient, par l'effroyable changement de chaque trait de son visage.* » Et le prudent Sully de conclure : « *Voilà l'histoire. Les gens sensés en croiront ce qu'il en faut croire.* »

Dans ses *Historiettes*, Tallemant des Réaux évoque aussi Louise de Budos, « *belle fille, mais pauvre (…) C'est à cause de cela, et sur ce qu'elle mourut d'apoplexie et qu'elle avait le visage tout contourné, qu'on a dit qu'elle s'était donnée au Diable pour épouser M. le Connétable, et que César, un Italien, qui passait pour magicien à la Cour, avait été l'entremetteur de ce pacte.* » Après la mort de Louise, « *le Connétable épousa une demoiselle de Montoison, tante de sa femme (…) [qui] n'était ni jeune ni belle* ». Il suppose que ce mariage, qui ne dura que quelques mois, se fit parce que le récent veuf « *la trouva sous sa main* ».

La célèbre Madame de Sévigné, le 13 décembre 1686, dans une lettre adressée au président de Moulceau, écrit : « *Il arriva une chose extraordinaire, il y a trois semaines, un peu devant que M. le Prince partit pour Fontainebleau. Un gentilhomme à lui, nommé Vervillon, revenant à trois heures de la chasse, approchant du château, vit à une fenêtre du cabinet des armes un fantôme à la fenêtre, c'est-à-dire un homme enseveli : il descendit de son cheval et s'approcha, il le vit toujours. Son valet, qui était avec lui, lui dit : "Monsieur,*

1

2

3

1. Portrait de Louise de Budos, gravure de Thomas de Leu (1560-1612) – Collection particulière.
2. La marquise de Sévigné, ici représentée par Claude Lefèbvre, n'hésitait pas à relater de curieuses histoires de revenants – Musée Carnavalet, Paris.
3. Au château de Chantilly, Louise de Budos a-t-elle enfin trouvé le repos ? - Wikimedia Commons.

je vois ce que vous voyez." Vervillon ne voulant pas lui dire pour le laisser parler naturellement, ils entrèrent dans le château, et prièrent le concierge de lui donner la clef du cabinet des armes; il y va, et trouva toutes les fenêtres fermées, et un silence qui n'avait pas été troublé, il y avait plus de six mois. On conta cela à M. le Prince; il en fut un peu frappé, puis s'en moqua.» Et l'épistolière de conclure en écrivant que son récit «*est vrai*».

Clairambault, dans un manuscrit cité par Yves Coirault[30], confirme la chose: «*On a remarqué depuis deux mois, sur le balcon des armes de Chantilly, un fantôme enveloppé d'un drap blanc et qui, en le regardant, devenait plus petit, et ainsi disparaissait. On en fit*

30 - Yves Coirault, «Puis une dame, à sa haute fenêtre..., La connétable de Montmorency et le rêve de Nerval», dans *Revue belge de philologie et d'histoire*, Bruxelles, tome 53, fascicule 3, 1975, p. 734.

le rapport à feu Mgr le Prince, qui en répondit : C'est peut-être la vieille connétable qui vient voir sa maison.»

Dans les *Mémoires du marquis de Sourches*, on lit : *«Il y a, à Chantilly, une chambre au milieu d'un des corps de logis, laquelle est au troisième étage (...) et qu'on appelle le Cabinet des armes, parce qu'on y garde les armes du dernier connétable de Montmorency, avec quantité d'autres armes anciennes de sa maison.»* Lui aussi conte comment Vervillon et son palefrenier virent *«une figure qui était comme un mort enseveli»* et que, entrés dans le cabinet, qui n'avait pas été ouvert *«depuis plus de six mois»*, ils n'y trouvèrent rien de suspect.

Le grand Saint-Simon, apparenté aux protagonistes de cette histoire, l'évoque lui aussi longuement, non pas dans ses Mémoires, mais dans la note *Montmorency* des *Duchés-pairies*. Il parle d'une *«petite bague»* que Louise de Budos passa au doigt du Connétable, qui en devint aussitôt amoureux au point de vouloir l'épouser. De la visite, cinq ans après ce mariage aussi heureux que curieux, d'un homme mystérieux avec lequel elle se retira dans un cabinet, interdisant qu'on les interrompît même s'ils faisaient du bruit inquiétant. De la disparition de ce visiteur et, dans la pièce, de la découverte du corps de Louise, *«par terre, le col entièrement tourné, le visage du côté de l'épine du dos, sans être pourtant défigurée, et dans le cabinet une odeur de soufre très puante.»* De la tante de Louise qui se jeta sur le corps et qui récupéra la fameuse bague que le Connétable avait rendue à son épouse ; elle se passa la bague au doigt, et le Connétable, qui n'avait jamais aimé cette femme au point de vouloir la renvoyer, *«lui fit mille amitiés»* au point de lui demander de l'épouser dès que possible. Le mariage eut lieu, mais l'amour du Connétable s'éteignit comme bougie au vent à l'instant même où la tante ôta la bague de son doigt...

Saint-Simon ne manque pas, lui non plus, de parler des nombreux témoins qui, au fil du temps, virent Louise de Budos *«dans l'âge où elle était et avec les habits de son temps à la fenêtre de la salle d'armes de Chantilly»*.

Je dirai comme Sully : *«Les gens sensés en croiront ce qu'il en faut croire.»*

SOUVENIRS DE LA GUERRE DE TRENTE ANS

Où l'auteur vous emmène d'abord à Saint-Nicolas-de-Port puis dans le Barrois, à Jeandelize et enfin à Rocroi, où gisent les fantômes d'une terrible guerre

« *Les hommes de guerre sont les fléaux du monde* », écrit Guy de Maupassant[31]. Qu'on en juge : « *Tout était ravagé. Les hôpitaux du pays étaient ruinés, les monastères détruits ; les armées n'avaient pas d'ambulances à leur suite. Les blessés restaient souvent plusieurs jours sur le champ de bataille, à la merci des bêtes féroces. Les foires et les marchés étaient interrompus ; les vivres devenaient rares et d'une cherté exorbitante ; la famine amena la peste et cette horrible contagion se répandit des villes dans la campagne. On s'estimait heureux de trouver des herbes et des racines sauvages. Pour se soutenir, on mangeait des animaux dont on avait naturellement horreur et jusqu'à des charognes infectes dérobées aux oiseaux de proie. Les loups se gîtaient dans les cabanes abandonnées des villages déserts. Les voleurs, les déserteurs infestaient le pays ; des villages entiers ne purent se repeupler*[32]. »

L'historien Digot déplore : « *La Lorraine, si riche, si heureuse, si respectée sous les règnes des ducs Charles III et Henri II, allait voir succéder à tant de prospérités des calamités inouïes. La peste, la famine et la guerre devaient s'unir pour faire un désert du plus beau pays de l'Europe, et ces trois fléaux étaient destinés à exercer de tels ravages, que la dévastation de la Judée par les troupes de Titus sembla seule fournir aux écrivains de cette époque un point de comparaison*[33]. »

« *En tenant ce langage*, écrit l'abbé Idoux, *l'historien Digot n'est qu'un écho affaibli des cris de détresse échappés aux contemporains des terribles événements dont la Lorraine fut la victime au* XVII*e siècle. Dans leurs écrits, tous font entendre des sanglots capables de donner une indicible angoisse à la postérité*[34]. »

Le curé d'un petit village vosgien, Dommartin-lès-Vallois, témoigne ainsi :

31 - Guy de Maupassant, « La Guerre », dans *Chroniques*, tome deuxième, Paris, 10/18, 1980, p. 294.

32 - H. Bardy, « Les Suédois dans le Sundgau (1632-1648) », dans *Revue d'Alsace*, Colmar, 1853, p. 33.

33 - Auguste Digot, *Histoire de la Lorraine*, tome cinquième, Nancy, Vagner, 1856, p. 172.

34 - Abbé M.-C. Idoux, « Les Ravages de la guerre de Trente Ans dans les Vosges », première partie, dans *Annales de la société d'émulation du département des Vosges*, Épinal, 1911, p. 197.

Les Misères de la guerre, *Les pendus*, gravure de Jacques Callot – Collection particulière.

« En l'an 1634, 35, 36, 37, 38, la guerre a esté en Lorraine sy violante, la peste et la famine, qu'elle a demeuré quasy inhabitable, ne restant que le tier pour le plus des habitants ; les princes lorrains dispersés et hors de leur doulx pays ; ayant toutesfois une puissante armée en Bourgogne pour contrequarer le Roy. Le bled a valu cent frans le resalz ; l'orge quatre-vingt ; sy grande famine que la plus grande partie du peuple ne vivait que de glans, chiens, chats, vieulx cuirs et autres immondices, mesme (chose maudite !) de chair humaine ! O bon Dieu, aye pitié et compassion de nous ! Veilmar de Saxe, inhumain et bourreau estant entré en Lorraine avecq une armée de Suédois l'a ruinée jusques à fond ; gens meurtriers et sanguinaires surtout et très inhumains. J'ay veü en moins d'un quart d'heure tuer malheureusement cinq de mes paroissiens, violer publiquement femmes et filles et moy gehenné et battu jusques à la mort, non une fois seule, mais plusieurs et diverses. J'ay escrit ce mémoire le quatrième juillet 1638, les guerres plus enflammées que jamais. J. Fournier, curé de Dompmartin-proche-les-Vallois[35]. »

35 - Cité par Abbé M.-C. Idoux, seconde partie, dans *Annales...*, 1912, p. 179.

C'était une guerre confuse, sans grandes batailles ni affrontements loyaux. Ce furent surtout les civils qui subirent vols, viols, pillages, incendies, assassinats... Le duc de Beauvau, un Lorrain, écrit alors que la Lorraine est *« innondée de toutes les bêtes dont parle l'Apocalipse, sçavoir de l'écume des Nations, Polonoises, Hongroises, Bohemiennes, Allemandes, Suedoises, Lorraines, Françoises, Italiennes et Espagnoles[36] »*...

Triste tableau, qui dura une génération... 1618-1648 : c'est le temps d'une guerre, la bien-nommée guerre de Trente Ans, que peu de Français connaissent, mais qui ravagea et décima la Lorraine, la Franche-Comté et l'Alsace. Ces pays ne sont alors pas français et l'un de leurs principaux ennemis n'est autre que... la France. Une France catholique, fille aînée de l'Église dit-on, dont l'un des dirigeants n'est autre que le cardinal Richelieu. Mais une France qui n'hésite pas à s'allier aux protestants suédois qui sèment la mort et la désolation. Les historiens estiment que 60 % des Lorrains périrent, victimes de la guerre, de

36 - Marquis de Beauvau, *Mémoires pour servir à l'histoire de Charles IV, duc de Lorraine et de Bar*, Cologne, chez Pierre Marteau, 1690, p. 59.

la peste ou de la famine. Imaginez une guerre qui en France ferait périr plus de la moitié de sa population...

Cette guerre, dans l'Est, c'est ça : la terreur, l'épidémie, la famine et des villages disparus qu'on ne compte plus. Aussi est-il logique que cette guerre ait marqué la tradition orale. Elle fut si terrible que de pauvres gens, pour survivre, en furent réduits à déterrer dans les cimetières des cadavres récemment inhumés. Ceux qui ne voulaient pas que leurs morts deviennent pitance montaient la garde près des tombes. Encore fallait-il être en nombre et bien armés...

Mon propos n'est pas d'écrire l'histoire de cette guerre terrible, d'autres l'ont fait avant moi[37].

Le revenant dans le pilier

Quel événement de cette guerre de Trente Ans marqua le plus la mémoire collective des Lorrains ? Sans aucun doute, c'est le sac de Saint-Nicolas-de-Port, en novembre 1635. C'était, sur la Meurthe, tout près de Nancy, une cité connue pour ses foires qui attiraient les marchands de toute l'Europe et pour son pèlerinage aux reliques de saint Nicolas, que des chevaliers lorrains avaient ramenées de Bari. Très vite, de nombreux miracles s'ensuivirent. Pas un Lorrain ayant à faire un long voyage n'aurait négligé de venir se mettre sous la protection de saint Nicolas. Jeanne d'Arc elle-même y vint s'agenouiller en 1429, avant de partir pour la mission que l'on connaît.

De nombreuses croyances entouraient le lieu : dans la grande nef se trouve une dalle que les jeunes filles venaient pieusement effleurer du pied pour se bien marier dans l'année ; les prisonniers libérés accrochaient leurs chaînes dans la basilique, afin que la liberté recouvrée soit définitive.

Mais ce qui nous intéresse ici, c'est un des piliers de cette basilique : quand quelque malheur menace la Lorraine, que fait-il, ce pilier ? Il pleure. Oui, vous avez bien lu : il pleure.

Or donc, le matin du 4 novembre 1635, les guetteurs de Saint-Nicolas-de-Port virent arriver vers la ville une forte troupe de cavaliers. Suédois, Croates, Hongrois ?... On ne savait trop, mais une chose était sûre : leurs intentions étaient loin d'être bonnes. Aussitôt l'alerte fut donnée.

Que faire ?

On ne pouvait résister, on n'en avait pas les moyens.

On ne pouvait fuir, on n'en avait plus le temps.

On ne pouvait compter sur la magnanimité de ces barbares, on n'ignorait rien de leurs exactions.

C'est alors que quelqu'un, dans la foule, proposa de se barricader dans l'église. Après tout, c'était là lieu sacré, que même un protestant respecterait.

Aussitôt dit, aussitôt fait. Une foule se rua dans l'église, portant provisions et paillasses. Vite, on barricada les fenêtres, les portes annexes, et, dans un fracas de verrous, la grande porte se referma, laissant dans les rues quelques retardataires.

Les assaillants ne tardèrent pas à investir une ville à peu près déserte. Ils tuèrent le peu de monde qu'ils trouvèrent, violèrent quelques femmes, pillèrent méthodiquement les maisons et les églises. En fin d'après-midi, craignant peut-être l'intervention d'autres troupes, ils se retirèrent dans les bois proches. Quelques-uns passèrent la nuit dans des couvents, violant les religieuses qui n'avaient pu fuir.

---

37 - Henry Bogdan, *La Guerre de Trente Ans*, Paris, Perrin, 1999. Stéphane Gaber, *La Lorraine meurtrie*, Nancy, Presses Universitaires de Nancy, Metz, Serpenoise, 1991. Philippe Martin, *Une Guerre de Trente Ans en Lorraine*, Metz, Serpenoise, 2002.

Ils revinrent le lendemain et pillages et massacres recommencèrent. Cela dura six jours. Le 10 novembre, ils mirent le feu à quelques maisons. Le 11, la basilique était elle aussi en flamme.

Peut-être l'incendie venait-il de quelque maison voisine ? Peut-être les assaillants n'ont-ils pas mis le feu intentionnellement à l'église ?

La mémoire collective ne s'embarrasse pas de nuances. Elle conte que les Suédois, désœuvrés, le ventre plein de bon vin lorrain, avides de richesses, se tournèrent vers la basilique quand il n'y eut plus rien à voler ou tuer dans la ville.

On entendit quelques cris. Mais dans l'église personne ne comprenait le suédois. Que voulaient ces barbares ? Que préparaient-ils ? Un moine, pour calmer tous ces gens, pour tromper l'anxiété, commença à dire la messe. C'est alors que l'on entendit de grands bruits sourds : les Suédois tentaient de forcer la porte ! Vite, pendant que les femmes priaient, pendant que le moine continuait son office, les hommes amassèrent des bancs contre la porte, pesèrent de tout leur poids. Rien, plus aucun bruit ! Quelques minutes passèrent, puis on sentit une odeur de brûlé. Les Suédois avaient mis le feu à la toiture !

Détail terrible : on dit que pour mieux faire brûler l'édifice, ils passèrent quelques poutres à la graisse de lard !

Déjà des morceaux de poutre tombaient dans la foule. Vite, on tenta de sortir, qui par une fenêtre, qui par une porte. Mais les Suédois veillaient. Les fuyards furent tués sans pitié, et une meute hurlante investit l'église, l'épée levée, frappant, taillant, hachant dans cette foule sans défense.

Un calice à la main, une hostie dans l'autre, le moine avait reculé jusqu'au fond de l'église, cherchant un bien piètre abri derrière un pilier. C'est alors que surgit un grand guerrier blond, un colosse, qui leva son épée. Le moine se recroquevilla, se pressant contre le pilier. Il allait recevoir le coup mortel quand tout à coup, miracle ! le pilier s'ouvrit et l'engloutit, lui, l'hostie et le calice. Ébahi, le Suédois frappa le pilier de son fer, sans succès. Ses compagnons, témoins du miracle, furieux, vinrent à la rescousse, frappant de l'épée, de la hache. On alla chercher des pioches, des marteaux, des pics. En vain, on ne réussit même pas à attaquer la pierre devenue dure comme fer. Puis les attaquants, lassés, troublés, se retirèrent, chargés de butin, laissant derrière eux un monceau de cadavres et quelques rescapés, qui avaient assisté au miracle. Ces derniers se pressèrent contre le pilier, le caressant de leurs mains, priant, invoquant le Seigneur. Mais il ne se rouvrit pas et garda prisonnier le moine, son hostie et son calice.

Certains disent que, de temps en temps, on entend le malheureux prier et chanter des hymnes célestes. Émile Badel crut l'entendre lui-même quand, en 1916, les Allemands bombardaient Varangéville. Mais tous sont formels : quand un grand malheur menace la Lorraine, le pilier pleure. On l'a vu en 1870, en 1914, en 1940...

Le pauvre ! Il a dû en verser, des larmes, dans ce pays. Puisse-t-il dorénavant rester sec à jamais.

Les revenants de l'Atre

Dans l'arrondissement de Bar-le-Duc, à Resson, sur la route d'Érize, se trouvent parmi les arbres quelques tombes du XVIIe siècle : c'est le cimetière de l'Atre (curieux pléonasme), et tout ce qui reste d'un village détruit par les Suédois en 1635. Du moins, c'est ce que dit la tradition, car quand on va sur place, tout cela sent plutôt le XIXe siècle, et d'ailleurs une tombe porte la date de 1874. Passons...

C'est un lieu propre à enchanter tout esprit romantique, mais qui, il n'y a guère, faisait encore peur à bien des gens. Un témoin me dit ainsi que son père, né avec le siècle, pourtant un homme brave, n'aurait pas la nuit fréquenté l'endroit pour un empire : c'était alors le domaine des revenants, les âmes des paysans massacrés par les Suédois, et morts sans confession.

Le Suédois de Jeandelize

Jadis, aux alentours de Jeandelize, et notamment sur la route menant à Abbeville-lès-Conflans, on voyait un soldat revêtu d'une cuirasse de fer : aux veillées, on le nommait « le Suédois ». On disait que c'était un soldat qui, pendant la guerre de Trente Ans, pilla l'église de Jeandelize. Il en sortait, les bras chargés de son butin, quand il trébucha. Sa tête cogna si bien contre le pavé qu'il ne se releva pas. Ses complices le soulagèrent de ses larcins et abandonnèrent son corps. On n'a jamais trop su ce qu'on en avait fait. Sans doute ne l'avait-on pas jugé digne du cimetière communal... L'âme lourde de pêchés, le Suédois ne put entrer au Paradis. Il revint donc hanter les lieux de son dernier crime. On dit qu'on le vit ainsi durant un siècle, avant qu'il ne disparaisse.

Dans le ciel de Rocroi

19 mai 1643 : à Rocroi, les troupes françaises, commandées par le Grand Condé, infligent une sévère défaite aux troupes espagnoles. Ironie de l'Histoire : quelques années plus tard, les Espagnols reprendront Rocroi avec à leur tête... le Grand Condé qui entre-temps est passé de leur côté. Mais revenons à 1643 : la victoire française a un grand retentissement partout en Europe, et se devait de passer à la légende.

Or donc, écrit le folkloriste ardennais Albert Meyrac à la fin du XIXe siècle, *« chaque année, le 19 mai, avant le lever du soleil, en se plaçant à l'ouest du lieu où le combat s'est livré, on voit l'ombre des deux armées espagnole et française surgir du sol, s'élever lentement vers le ciel, se mesurer au milieu des nuages, s'attaquant, se défendant avec fureur, se confondre dans une épouvantable mêlée, et retomber enfin en vapeur dans la plaine. »*

1 et 2.
À l'entrée du cimetière, à droite, se trouve une pierre tombale sans nom ni date, avec ce curieux texte : « Les hommes devraient passer la première partie de leur vie à s'entendre avec les morts, la seconde avec les vivants et la dernière avec eux-mêmes. » - Photos Valeriia Taran.

3 et 4.
Le vieux cimetière de Resson, accueillant sous le soleil. Les soirs d'hiver, peu s'y risqueraient. Sauf des voleurs et des vandales, qui en octobre 2013 ont notamment emporté une stèle classée – Photos Valeriia Taran.

1

2

3

4

LE FANTÔME DE MAZARIN

Où l'auteur vous emmène
à Ferrette dans le Sundgau,
où erre le fantôme de Mazarin

Il fut un temps où par le caprice d'un prince ou d'un roi, une ville changeait de propriétaire. Ainsi, en 1659, Louis XIV donna-t-il la seigneurie de Ferrette à son Premier ministre, Mazarin. Un cadeau qui ne lui coûtait pas bien cher... D'autant plus que le château de Ferrette était en ruine.

Deux ans plus tard, Mazarin mourait à Vincennes.

C'est alors que, la nuit, on vit une ombre vêtue d'une robe rouge qui errait dans les ruines du château de Ferrette. De temps en temps, le vent amenait des bruits curieux, comme si dans les ruines quelqu'un piochait le sol ou brisait des murs.

Mazarin, disait-on...

Ou quelque roublard chercheur de trésor, vêtu de rouge pour éloigner les curieux?

Le Cardinal Mazarin mourant, huile sur toile de Paul Delaroche, 1830 – Collection Wallace, Londres.

L'AMANTE DE LOUIS XV LE BIEN-AIMÉ

Où l'auteur vous emmène
dans les pays de Beaune et de Saint-Malo,
où errent des maîtresses royales

Le folklore a ses dames blanches qui toutes ne sont pas liées à l'Histoire. Celle qui jadis hantait Gevrey-Chambertin fut une galante célèbre. Elle *« va du cimetière au château,* écrit Clément-Janin. *Son nom ? On le dit tout bas dans le bourg, et l'on ajoute qu'elle expie les péchés commis avec Louis XV le Bien-Aimé et autres galants du dernier siècle. »*

On le disait du temps de Clément-Janin, dans les années 1880, mais aujourd'hui on ne le dit plus, parce qu'à force de discrétion, le nom s'est perdu.

Charles Labry, qui à La Rochepot cumulait les passions de vigneron, archéologue, historien local et folkloriste, me confia lors d'un entretien en 1998 : *« Avant, quand une fille avait une aventure avec un "riche monsieur", on disait qu'elle finirait dame blanche à Gevrey. Je crois bien que le premier qui m'a conté la chose, c'est l'abbé Naudet, qui était curé à La Rochepot. C'était dans les années quarante. Vous voyez, c'est une légende qui a marqué les esprits. »*

La maîtresse d'Henri III

Remontons un peu le temps. À Châteauneuf-d'Ille-et-Vilaine, le château et son parc sont hantés par Renée de Rieux. Paul Sébillot précise même *« qu'on entend sur les dalles le frôlement de sa robe de soie »*. Elle fut notamment la maîtresse du roi Henri III – qui, on l'ignore souvent, avant d'être roi de France fut roi de Pologne et grand-duc de Lituanie… S'il avait fondé une dynastie en ces terres de l'Est plutôt que de revenir en France pour succéder à son frère mort sans descendance, la face de l'Europe aurait été changée.

Renée de Rieux, vue au XIXe siècle par Louis Marie Lanté – Collection particulière.

ÉLÉONORE-RENÉE DE BOUILLÉ, LA DAME VERTE

Où l'auteur vous emmène au château du Rocher à Mézangers, en Mayenne, où erre une Dame verte

En 1644, dans la chapelle seigneuriale du château du Rocher, à Mézangers, Henry de Daillon, marquis d'Illiers, épouse Éléonore-Renée de Bouillé, unique héritière d'une longue lignée propriétaire des lieux depuis la fin du XVe siècle. On se marie, dit-on, « pour le meilleur et pour le pire ». Éléonore n'était pas du genre à broder, jouer de la harpe ou se pâmer à l'écoute de quelque troubadour : c'était une maîtresse-femme. *« Amazone intrépide et maître d'équipage*, écrit Franck Le Gonidec de Penlan, *elle aimait monter les chevaux capricieux et les plus ombrageux, au risque d'un accident mortel, sinon d'une blessure grave pouvant détruire à jamais sa triomphante beauté. »*

On lui attribue aussi une *« nature inconséquente »* et un *« caractère fantasque »*. Elle ne se gêna pas, par exemple, pour entrer dans une chapelle en pleine messe, à cheval et avec ses chiens. Le portrait abrité aujourd'hui dans le château laisse deviner une femme hautaine, autoritaire, qui devait mener la vie dure à son monde. Et sans doute aussi à son mari... En tout cas, forte de *« sa triomphante beauté »*, elle le trompait dès que le malheureux avait le dos tourné.

Un jour, le mari surprit sa femme avec son amant. Les versions divergent, mais il semble qu'il tua son rival tandis que sa femme prenait la fuite. On retrouva son corps dans l'étang voisin du château. Pour les uns, elle portait une écharpe verte ; pour les autres, une robe verte. Qu'importe le vêtement, c'est la couleur qui compte. Car naquit ainsi une terrible légende : après sa mort tragique, Éléonore se mit à hanter le château. Ils sont nombreux à l'avoir vue, et notamment le grand-père de l'actuel propriétaire, qui la vit dans les escaliers menant à la chapelle, où elle disparut.

« Cela fait bien cinquante ans qu'on ne la voit plus, me dit M. Olivier de Chavagnac. *Mais évidemment on a tendance à lui attribuer des manifestations surnaturelles avérées, surtout au XIXe siècle. »*

De quel genre ? C'est son épouse qui répond : *« Il y a des portes qui claquent, des parquets qui grincent et des choses étranges. Un jour, j'étais dans le salon et j'ai entendu un énorme "boum". Comme un cadre qui tombe. Je monte à l'étage : il n'y avait rien. »* Et d'ajouter : *« La légende dit que si les jeunes mariés passent leur nuit de noce dans la chambre de la Dame Verte, elle apparaît. »*

Elle-même n'a pas voulu le vérifier, et a passé sa nuit de noce ailleurs. C'était peut-être plus prudent, qui sait ?

La municipalité de Mézangers a rendu un bel hommage à cette légende : la rue qui mène au château porte le nom de *rue de la Dame Verte*.

Le château du Rocher à Mézangers, domaine de la Dame verte – Wikimedia Commons.

DE QUELQUES DAMES BLANCHES

Où l'auteur vous emmène dans les Vosges, en Alsace, dans le Beaujolais et en Haute-Garonne, à la rencontre de Dames blanches

Les Dames blanches... On en signale partout, vraiment partout, de l'Écosse à l'Ukraine. Il ne faut pas les confondre avec les fées : une fée est un être en chair et en os, elle parle, elle chante, elle danse, elle cuisine... Ici elle a construit un pont, là elle a laissé une pierre... Elle fréquente les hommes, paie le salaire du herdier pour la garde de sa vache, fait des cadeaux, donne des conseils... Parfois même, comme Mélusine, elle épouse un mortel. La Dame blanche, elle, passe, comme une ombre, ou plutôt comme un voile de brume. À Poussay, près de Mirecourt, dans les Vosges, Mme Miller me fit cette distinction : *« Une fée, c'est une femme qu'on peut toucher. Vous connaissez quelqu'un, vous, qui a touché une Dame blanche ? »* Non... Mais je ne connais personne non plus qui ait touché une fée. Mais ce que mon témoin voulait dire, c'est que l'une était matérielle et l'autre immatérielle.

Ainsi, toujours dans les Vosges, la mésaventure arrivée à Didiche, contée par son descendant, Lucien Vauthier :

« Était-il mon bis ou mon trisaïeul ? Il s'appelait Jean-Claude Rolin, le diminutif donnait Diaudo ou Didiche, était marchand de chevaux et fréquentait assidûment foires, marchés et écuries.

Levé tôt, ce jour-là, la Semaine Sainte, il s'en allait, à pied bien sûr, vers Vicherey. Par le Haut-Chemin prenant derrière le moulin d'Aroffe, il vous conduit à l'église de Vicherey sans toucher au village. Prenant donc le chemin du Taille, Diaudo arrive au pont de la Coutillotte enjambant les Aroffe sitôt leur confluent. En ce lieu s'érigent encore les ruines de l'oratoire de Chaplemont. Des lambeaux de brouillard couvrent la prairie environnante. S'engageant sur la passerelle, il eut un haut-le-corps. À l'autre bout du pont, surgissant du brouillard, apparaissent deux dames vêtues de blanc. "Ma ben, fit-il en aparté, qu'os-ce que ç'o ?" Mais s'effaçant : "Honneur aux dames", dit-il. Elles passèrent et il continua son chemin. Dans le sentier de Moulins-Prés, pris d'un doute, il se retourna après quelques mètres... et ne vit plus rien que les écharpes de brouillard. Il prit une allure plus rapide, gagna le moulin où il narra son aventure. »

On ne sait rien des Dames blanches croisées par Didiche. Généralement, la Dame blanche est liée au drame arrivé à l'épouse ou à la fille de quelque seigneur.

Au Haut-Koenigsbourg

Passer la porte du Haut-Koenigsbourg, l'un des plus beaux châteaux d'Alsace, c'est changer d'époque : quelques pas, et vous voilà au Moyen Âge. Pourtant, il y a à peine un bon siècle, le château n'était que ruines, que la ville de Sélestat, alors propriétaire, offrit à l'empereur Guillaume II. C'était en 1899. L'empereur, sans doute pour montrer la puissance de son nouvel empire né de la défaite française de Sedan, sans doute aussi pour courtiser ses nouveaux sujets les Alsaciens, entreprit un vaste chantier de restauration, qu'il confia à un architecte spécialiste de la fortification médiévale, Bodo Ebhardt. Cette restauration est un compromis entre fidélité historique et vision romantique. Le résultat est époustouflant : vous êtes vraiment au XVe siècle et, du haut de ces remparts dont on voit la plaine d'Alsace, les Vosges, la Forêt-Noire et même, par temps clair, les Alpes, vous pouvez vous sentir l'âme d'un soudard médiéval.

Les cinéphiles n'oublieront pas que furent tournées dans ce château plusieurs scènes du film de Jean Renoir, *La Grande Illusion*, avec Jean Gabin, Pierre Fresnay et Erich von Stroheim.

Mais laissons là l'Histoire pour entrer dans la légende : comme bien des châteaux alsaciens, le Haut-Koenigsbourg est hanté par une Dame blanche, le fantôme d'une habitante du château qui de son vivant était toujours vêtue de blanc. Peu avant sa mort, pour expier ses péchés, elle émit le vœu de revenir hanter les lieux pendant cent ans. Sans doute avait-elle beaucoup péché, car on la vit durant plusieurs siècles.

Un jour, trois hommes la surprirent alors qu'elle jetait des poignées de grain sur un drap blanc qu'elle avait étendu dans un pré, comme si elle voulait le faire sécher. Quand elle partit, ils approchèrent et virent le plus beau blé qui soit. L'un des trois hommes mit quelques grains dans sa poche, disant qu'il les sèmerait au printemps. Puis ils partirent. Quand l'homme mit sa main en poche, au lieu de blé, il trouva des pièces d'or. Bien vite les trois hommes retournèrent vers le drap blanc. Il y était encore, mais, à leur approche, il prit la forme de la Dame blanche qui regagna son château.

Cette aquarelle est œuvre de Jean-Jacques Waltz (1873-1951), dit Hansi. Il a représenté la Dame blanche du Haut-Koenigsbourg en robe bleue, mais elle porte bien le long voile transparent qui est signalé dans les différentes versions de la légende – Bibliothèque municipale de Colmar.

Une dame blanche vue par Léon Benett, pour *Le Château des Carpathes*, de Jules Verne – Collection de l'auteur.

On voit aussi la Dame blanche sur les remparts, quand sonne minuit à l'année nouvelle. Elle porte un long voile transparent qui flotte derrière elle. Elle fait trois fois le tour du rempart, puis monte au sommet du donjon. Là, elle observe le pays. Si l'année s'annonce bonne, elle sourit ; si elle la découvre chargée de malheurs, elle se lamente. Avant de partir, elle étend ses bras vers le ciel et crie : « Que Dieu te protège, cher pays d'Alsace ! ».

La dame blanche du Goldigberg

Le site fortifié romain de *Larga* se trouvait entre Friesen et Largitzen, au croisement de deux voies romaines. Il fut détruit lors des invasions barbares. Reste le *Goldigberg*, ou montagne de l'or, dans lequel il semble qu'il faut voir un tumulus.

La tradition populaire a toujours prétendu que ce lieu renfermait bien des richesses. Mais il ne faisait pas bon y errer : le lieu était hanté par une Dame blanche, qui passait des heures à peigner sa longue chevelure. On voyait aussi de petites lumières mystérieuses et même on entendait parfois des voix qui parlaient une langue qu'on ne connaissait pas.

Un soir, un homme, passant par là, eut la sensation de marcher dans du grain. Il ne prêta pas autrement attention et continua sa route. Une fois chez lui, en se déchaussant, il eut la surprise de voir des grains d'or tomber de ses chaussures. Il retourna plusieurs fois au *Goldigberg*, mais jamais le phénomène ne se reproduisit.

Depuis plus de quarante ans que je glane contes, légendes et croyances dans les terroirs de France, j'ai pu constater que les Dames blanches, en plus des châteaux médiévaux, semblent affectionner tout particulièrement les ruines romaines et surtout ces chaussées qu'on dit romaines, mais qui pour beaucoup existaient déjà avant l'arrivée des Romains, qui souvent n'ont eu qu'à améliorer un réseau routier existant. Certains auteurs en déduisent que ces Dames-là sont le souvenir des druidesses.

La pénitence de la châtelaine infidèle

Mais, le plus souvent, la Dame blanche est vue comme la femme d'un seigneur, qui paie ses fautes. Ainsi, cette histoire ancrée dans le Beaujolais :

Pierre Dupoizat, maire de Châtillon-d'Azergues, avait entendu le récit d'une de ses administrées, et il lui avait plu au point de le coucher sur le papier, après avoir glané quelques autres détails dans l'histoire du pays :

« La base de la légende est vraie. Gaspard de Mornieu est officier des armées de Louis XIV. Il a passé deux ans en campagne, sans jamais revenir en son Beaujolais. Enfin ! le revoilà de retour au château de Prony, au pied de la cité fortifiée d'Oingt-en-Beaujolais.

La Dame blanche qui annonce la mort, par Labeauce et Minne, 1857 – Collection de l'auteur.

Il croyait y retrouver son épouse, Claire de Saillans, et ses deux fils, mais il apprit qu'elle s'était réfugiée chez son frère, au château de la Garde, à Saint-Vérand. Ses gens semblaient embarrassés. Un vieux serviteur finit par lui dire que son épouse, après avoir beaucoup pleuré, s'était consolée dans les bras d'un de ses hommes de confiance, Jean Curtil, à qui Gaspard avait confié la garde du château de Prony. De cet adultère une petite fille était née, dont le serviteur ignorait tout, sinon qu'elle fut confiée à une nourrice qui quitta le pays.

Gaspard se rendit chez son beau-frère et répudia sa femme. D'abord emprisonnée à Roanne, elle fut condamnée à séjourner deux ans au Couvent des Filles pénitentes de Lyon. Si son mari ne venait pas la récupérer avant ce délai, elle devrait prendre le voile et y rester jusqu'à sa mort.

L'amant fut condamné à être pendu Place des Terreaux à Lyon, mais le lâche avait disparu. On dit qu'il gagna l'Italie, où il se fit brigand.

Un jour, Gaspard se présenta au couvent et discuta avec sa femme. Ils se réconcilièrent et s'installèrent au château de Courbeville à Chessy, où Claire était née. Elle y mourut sans avoir jamais réussi à retrouver sa fille dont le souvenir la hanta.

C'est pourquoi, certains disent avoir vu une nuit une femme vêtue de blanc marcher sur les contreforts du château de Courbeville.

On raconte aussi que dans la "chambre de la revenante", au château de la Garde, la Dame blanche soupirait si fort l'absence de sa fille qu'elle éteignait les bougies.

Enfin, au château de Prony, une Dame Blanche secouait des chaînes par les nuits de tempête.

Pour tous, cette Dame blanche n'était autre que Claire de Saillans, condamnée au-delà de la mort à retrouver sa fille.»

Les femmes blanches du cimetière

Il est inutile de collationner ici toutes ces légendes de châtelaines expiant leurs péchés ou leurs crimes, un recueil n'y suffirait pas.

Et il n'y avait pas que des châtelaines pour pécher, il y avait aussi... des religieuses! Je vous emmène en un endroit charmant, Agassac, que je recommande aux amateurs de vieilles pierres. La mairie abrite ainsi un bas-relief gallo-romain, en marbre blanc, représentant la déesse Épona. Sur la place, un curieux monument est nommé «la stèle maçonnique»: au milieu de symboles chrétiens, on voit un triangle et un œil qui regardent vers l'église. Ne manquez pas de visiter l'église, d'origine romane; à l'extérieur, une croix de Malte est encastrée dans un mur, ultime souvenir des Hospitaliers de Saint-Jean, qui dans le village installèrent une sauveté. Ah? Vous ne savez pas ce qu'était une sauveté? C'était, dans les pays occitans, une zone de refuge autour d'une église, soigneusement bornée, et dans laquelle le fugitif échappait à la loi des hommes. Un moyen comme un autre d'aider au peuplement d'un village ou d'une zone en friche... Bien des villages doivent leur nom à une sauveté: La Salvetat-Saint-Gilles en Haute-Garonne, Sauveterre dans le Tarn, Sauveterre-de-Rouergue dans l'Aveyron, Sauveterre-de-Guyenne en Gironde, Sauveterre-la-Lémance dans le Lot-et-Garonne, La Salvetat-sur-Agout dans l'Hérault...

Après l'église, il vous restera à voir un ancien four à tuiles et à admirer la vue du haut de la motte castrale. Sans doute n'irez-vous pas au cimetière, situé à un bon kilomètre du village, au lieudit *Quartier Notre-Dame*. Puisque les archives indiquent qu'Agassac eut un couvent de femmes, on en déduisit qu'il devait se trouver en ce lieu. Et, en effet, on trouva en creusant le sol quelques monnaies oxydées et des débris de poterie grise datant du Moyen Âge. Christian Piques, président de l'Association pour la Sauvegarde du Patrimoine d'Agassac, récolte encore quelques tessons de nos jours.

Le cimetière serait donc bâti sur les fondations de ce couvent de femmes qui disparut mystérieusement. Selon un ancien du village, M. Georges Castaing, les moniales menaient joyeuse vie, si joyeuse qu'à la fin du XIXe siècle on déterra dans un champ situé près du cimetière les restes de deux bébés. *«Dans le cimetière même et tout autour, même sur la route, avant la guerre, on voyait des femmes blanches, trois ou quatre, qui glissaient comme de la brume, en poussant des lamentations. On disait que c'étaient des religieuses damnées, condamnées à revenir sur les lieux de leurs péchés.»*

On ne les voit plus, peut-être parce que les rares passants en ce lieu retiré, aujourd'hui, sont en voiture plutôt qu'à pied ou en carriole.

LA DU BARRY

Où l'auteur vous emmène à Vaucouleurs, dont les rues furent jadis hantées par un bien curieux couple

Je dois ce bref récit à Henri Bataille, l'historien de Vaucouleurs : « *On dit qu'au* XIX*e siècle, après minuit, une femme blanche errait dans les rues du bourg. Elle était accompagnée, dit-on, d'un diablotin noir. Ceux qui m'ont parlé de cette légende n'en savaient guère plus, sinon que la femme était habillée "comme une princesse du temps des seigneurs". Je pense qu'on a cru que Madame du Barry hantait Vaucouleurs, où elle est née le 19 août 1743. Sa mère se nommait Anne Bécu, on ignore qui était le père. Jeanne Bécu, qui était très belle, eut à Paris de très nombreux amants, et fut la dernière maîtresse de Louis XV qui la couvrit d'honneurs et de cadeaux. On l'avait un peu oubliée, quand en 1791 des voleurs s'introduisirent dans son château de Louveciennes. Voilà qui réveilla l'attention… On enquêta, et le témoignage de son ancien page Zamor fut si dur qu'elle fut arrêtée, condamnée à mort et guillotinée. Or, ce Zamor lui avait été donné tout enfant par le roi. C'était un Noir. Et le diablotin de la légende, peut-être est-ce lui. C'est du moins comme ça que je reconstitue cette légende.* »

Zamor apparaît dans un roman d'Alexandre Dumas, *Joseph Balsamo*, ainsi que dans *La Rue Perdue*, l'ultime enquête de Gil Jourdan, le détective privé créé par Maurice Tillieux. Au cinéma on le retrouve dans *Marie-Antoinette*, de Sofia Coppola, et dans *Jeanne du Barry*, de Maïwenn.

Mme du Barry est emmenée à l'échafaud, anonyme, fin XIXe siècle – Collection particulière.

L'ERRANT DE NUIT

Où l'auteur vous emmène en la fière citadelle de Montmédy, où Louis XVI fut vainement attendu, et en Argonne, où l'on trouva des choses qui laissent à penser

Aujourd'hui encore, et surtout si vous négligez les panneaux annonçant danger et interdiction de passer, errer dans le cœur de la vieille citadelle de Montmédy n'est pas sans faire battre le sien, de cœur. Caves, casemates, recoins, couloirs menant le Diable sait où ou s'arrêtant soudainement devant un pan de mur... Là, vous ne voyez que remblais et détritus. Dix mètres plus loin, et c'est un amoncellement d'obus d'on ne sait plus quelle guerre. Puis vous voilà dans une salle souterraine où pourrait bivouaquer tout un bataillon... Une trappe, ou un escalier tapissé de salpêtre, et vous êtes un niveau plus bas. Farfouillez dans les coins, et vous trouverez une autre trappe ou un autre escalier menant plus bas encore. Plus personne n'a les plans de ce labyrinthe. Je gage qu'il y a des endroits où pas un humain n'a mis le nez depuis au moins un demi-siècle. Et, au-dessus de tout ce chaos souterrain, des remparts, des fossés, des défenses, une église, des maisons, certaines en ruine, d'autres coquettes. La vue semble aussi imprenable que la forteresse où Vauban, encore lui, a donné tout son génie. C'était là avis, notamment, des bons moines de la riche abbaye d'Orval, qui y avaient bâti une maison-refuge.

On le sait, le pauvre Louis XVI, reconnu à Sainte-Menehould, fut arrêté à Varennes-en-Argonne. Où allait-il ? À Orval ou Montmédy, dit la tradition – et je rappelle que dans ce livre, je fais œuvre de folkloriste, point d'historien. Et l'on dit aussi que si le roi fut arrêté, passa un autre carrosse, celui-là transportant le trésor royal. Pourquoi pas ?

Certains y crurent tant qu'au XIXe siècle, ils fouillèrent les ruines de l'abbaye d'Orval, ravagée par les sans-culottes convaincus que ces moines étaient les complices du royal fugitif. En vain, évidemment... Ni trésor de Louis XVI, ni trésor des moines, que l'on dit dissimulé dans quelque souterrain. On creusa tout aussi vainement en d'autres lieux, et j'en connais même qui, il y a moins de dix ans, promenèrent des détecteurs de métaux autour d'une pierre blanche située en pleine forêt, faisant ainsi ample récolte de vieux clous rouillés et autres reliques métallifères.

Au fait, pourquoi une pierre blanche ? Mais parce qu'elle est citée dans un quatrain de Nostradamus !

De nuict viendra par la forest de Reines
Deux pars vaultorte Heme la pierre blanche
Le moine noir en gris dedans Varennes
Esleu cap, cause tempeste, feu sans tranche

Et de voir dans « vaultorte », « Orvault », notre Orval... Et comme en plus Nostradamus a séjourné à Orval... Mais « vaultorte », selon d'autres interprétations, désigneraient des « chemins détournés ». Et « blanche » serait la couleur non d'une pierre dans quelque forêt gaumaise, mais de la chevelure de la reine... Bref, on peut faire dire à Nostradamus à peu près ce qu'on désire. Même s'il reste que le « Varennes », écrit clairement, est bien troublant ici.

Laissons Nostradamus aux « spécialistes », les vrais et les comiques, les chercheurs sincères et les escrocs intéressés, et revenons à notre légende. Une des cachettes supposées du royal trésor est cette maison-refuge qu'Orval possédait dans l'enceinte de la citadelle de Montmédy, et dont il ne reste presque rien, car il n'est pas toujours besoin de sans-culottes pour ravager notre patrimoine.

Or, une habitante de Villers-devant-Orval, Mme Julia Dubrulle, tenait de tradition familiale cette bien curieuse histoire :

« *On m'a dit qu'au siècle dernier* [en fait, au XIXe siècle], *des gens ont vu un fantôme dans les rues de la citadelle. C'était un moine, la capuche sur la tête. On n'a jamais vu sa tête, car on avait peur, et puis l'attention était attirée par son manège : dès qu'il voyait quelqu'un, il tendait une grosse clef dorée. Je ne crois pas que quelqu'un ait jamais osé la prendre. On l'a vu plusieurs fois, et pendant des années. Puis on n'en a plus parlé. On a dit que c'était le fantôme du gardien de la maison que l'abbaye avait dans la citadelle, qu'il avait été damné. On a dit que la clef qu'il tendait était celle qui menait au trésor de Louis XVI, que le moine avait gardé le trésor pour lui, et que Dieu l'avait puni de sa convoitise en l'obligeant à revenir.* »

On dit tant de choses... Mais si plus personne n'a vu ce moine, de deux choses l'une : ou il n'a jamais existé, ou quelque téméraire l'a délivré de sa damnation en recevant sa clef. A-t-il trouvé la serrure qu'elle ouvrait ?...

Mais, mais... Pourquoi Orval ? Et si le trésor en question était resté à... Sainte-Menehould ?

« *Il paraît que, quand le roi a été reconnu, on a envoyé des cavaliers vers sa destination suivante, Varennes. Il en partit un ou deux, qui étaient prêts, parce que le temps pressait. Et d'autres ont suivi, en groupes plus ou moins importants. C'est dans ce tumulte qu'une autre diligence est arrivée, qui contenait les bagages du roi et sa cassette personnelle. Ses occupants se sont inquiétés de l'atmosphère qui régnait alors autour du relais de poste. Mine de rien, ils se sont informés et ont appris que le roi avait été reconnu et qu'on le poursuivait. Alors, ils ont fait demi-tour. Mais, de peur d'être eux aussi poursuivis, ils ont enterré la cassette sous une croix, quelque part sur la route qui va de Sainte-Menehould à Châlons. Et on dit que, peut-être, ils ne sont pas revenus. Il paraît, pour appuyer cette histoire, que quelques jours après l'arrestation du roi, un paysan a trouvé de beaux vêtements jetés en vrac dans un fossé, près de son champ, qui était sur la route de Sainte-Menehould à Suippes. Les vêtements étaient si beaux qu'on a cru qu'ils étaient au roi, et qu'une autre voiture les avait transportés. Je l'ai toujours entendu dire dans ma famille.* »

Ce témoignage, recueilli par un historien local, Gérard Mourlet, et resté inédit, mélange sans doute le vrai, le faux et le supposé. À vous de démêler ce royal écheveau.

Ah ! au fait, il y a bien une croix sur la route entre Sainte-Menehould et Châlons-en-Champagne. Il y en a même plusieurs, ce qui pose problème. Problème qui se complique quand on ajoute que beaucoup de croix ont disparu en deux bons siècles…

Une dernière chose : le titre de cette légende est un hommage à un roman de Paul Féval, *Les Errants de nuit* – Féval est aussi l'auteur du célébrissime *Bossu*, qui fut porté à quatre reprises au cinéma, dont, en 1959, par André Hunebelle avec Jean Marais et Bourvil. Vous ne voyez pas ? Eh bien, le personnage principal se nomme Lagardère. *« Et si tu ne viens pas à Lagardère, Lagardère ira à toi. »*

Et si vous vous demandez pourquoi un tel hommage ici, lisez donc ce livre passionnant. Si l'édition originale est assez chère et difficile à trouver, il existe quelques éditions peu coûteuses, et même une version numérique téléchargeable gratuitement sur le Net.

Vue nocturne de la citadelle de Montmédy – Wikimedia Commons.

LE SACRILÈGE DE SAINT-DENIS

Où l'auteur – ou plutôt Alexandre Dumas – vous emmène en la basilique Saint-Denis, nécropole des rois de France, où durant la Révolution se déroulèrent des scènes dignes du film le plus gore

En 1849, Alexandre Dumas publie un recueil de nouvelles, *Les Mille et Un Fantômes*. Il s'agit plus exactement d'une seule et même œuvre, composée de récits enchâssés dont le narrateur est l'auteur lui-même. Fidèle à sa méthode, Dumas a utilisé des nègres – ici, Paul Lacroix, que l'on surnommait le Bibliophile Jacob, et Paul Bocage. Et il s'est inspiré, comme toujours, de l'Histoire. On connaît la phrase : « On peut violer l'histoire à condition de lui faire de beaux enfants. » Et le fait est qu'ici, les enfants sont beaux ! Et même un peu effrayants : c'est que, pour pimenter son plat, le cuisinier Dumas n'a pas fait appel qu'à l'Histoire, avec une majuscule, il a aussi eu recours à deux légendes urbaines ayant Saint-Denis pour cadre – quitte à en rajouter lui-même. Il crédibilise son récit en faisant intervenir Alexandre Lenoir, créateur du Musée des Monuments français, qui assista en effet à la profanation et s'efforça, malgré le fanatisme ambiant, de sauver ce qu'il pouvait sauver. Lenoir étant décédé dix ans avant la parution des *Mille et Un Fantômes*, Dumas peut lui faire dire, faire et voir ce qu'il veut, et nul doute qu'il ne s'en est pas privé. Quand même, Dumas invente peu quant aux faits, il suffit pour le constater de comparer son texte au petit livre de Georges d'Heilly, *Extraction des cercueils royaux à Saint-Denis en 1793, Relation authentique*, édité en 1866.

— Eh bien ! qu'est-ce que cela prouve, docteur ? demanda M. Ledru.

— Cela prouve que les organes qui transmettent au cerveau les perceptions qu'ils reçoivent peuvent se déranger par suite de certaines causes, au point d'offrir à l'esprit un miroir infidèle, et qu'en pareil cas on voit des objets et on entend des sons qui n'existent pas. Voilà tout.

— Cependant, dit le chevalier Lenoir avec la timidité d'un savant de bonne foi, cependant il arrive certaines choses qui laissent une trace, certaines prophéties qui ont un accomplissement. Comment expliquerez-vous, docteur, que des coups donnés par des spectres ont pu faire naître des places noires sur le corps de celui qui les a reçus ? Comment expliquerez-vous qu'une vision ait pu, dix, vingt, trente ans auparavant, révéler l'avenir ? Ce qui n'existe pas peut-il meurtrir ce qui est ou annoncer ce qui sera ?

— Ah ! dit le docteur, vous voulez parler de la vision du roi de Suède.

— Non, je veux parler de ce que j'ai vu moi-même.

— Vous !

— Moi.

— Où cela ?

— À Saint-Denis.

— Quand cela ?

— En 1794, lors de la profanation des tombes.

— Ah ! oui, écoutez cela, docteur, dit M. Ledru.

— Quoi ? Qu'avez-vous vu ? Dites.

— Voici. En 1793 j'avais été nommé directeur du Musée des monuments français, et, comme tel, je fus présent à l'exhumation des cadavres de l'abbaye de Saint-Denis, dont les patriotes éclairés avaient changé le nom en celui de Franciade. Je puis, après quarante ans, vous raconter les choses étranges qui ont signalé cette profanation.

La haine que l'on était parvenu à inspirer au peuple pour le roi Louis XVI, et que n'avait pu assouvir l'échafaud du 21 janvier, avait remonté aux rois de sa race : on voulut poursuivre la monarchie jusqu'à sa source, les monarques jusque dans leur tombe, jeter au vent la cendre de soixante rois.

Puis aussi peut-être eut-on la curiosité de voir si les grands trésors que l'on prétendait enfermés dans quelques-uns de ces tombeaux s'étaient conservés aussi intacts qu'on le disait.

Le peuple se rua donc sur Saint-Denis.

Du 6 au 8 août, il détruisit cinquante et un tombeaux, l'histoire de douze siècles.

Alors le gouvernement résolut de régulariser ce désordre, de fouiller pour son propre compte les tombeaux, et d'hériter de la monarchie, qu'il venait de frapper dans Louis XVI, son dernier représentant.

Puis il s'agissait d'anéantir jusqu'au nom, jusqu'au souvenir, jusqu'aux ossements des rois ; il s'agissait de rayer de l'histoire quatorze siècles de monarchie.

Pauvres fous qui ne comprennent pas que les hommes peuvent parfois changer l'avenir… jamais le passé.

On avait préparé dans le cimetière une grande fosse commune sur le modèle des fosses des pauvres. C'est dans cette fosse et sur un lit de chaux que devaient être jetés, comme à une voirie, les ossements de ceux qui avaient fait de la France la première des nations, depuis Dagobert jusqu'à Louis XV.

Ainsi, satisfaction était donnée au peuple, mais surtout jouissance était donnée à ces législateurs, à ces avocats, à ces journalistes envieux, oiseaux de proie des révolutions, dont l'œil est blessé par toute splendeur, comme l'œil de leurs frères, les oiseaux de nuit, est blessé par toute lumière.

L'orgueil de ceux qui ne peuvent édifier est de détruire.

Je fus nommé inspecteur des fouilles ; c'était pour moi un moyen de sauver une foule de choses précieuses. J'acceptai.

Le samedi 12 octobre, pendant que l'on instruisait le procès de la reine, je fis ouvrir le caveau des Bourbons du côté des chapelles souterraines, et je commençai par en tirer le cercueil de Henri IV, mort assassiné le 14 mai 1610, âgé de cinquante-sept ans.

Quant à la statue du Pont-Neuf, chef-d'œuvre de Jean de Bologne et de son élève, elle avait été fondue pour en faire des gros sous.

Le corps de Henri IV était merveilleusement conservé ; les traits du visage, parfaitement reconnaissables, étaient bien ceux que l'amour du peuple et le pinceau de Rubens ont consacrés. Quand on le vit sortir le premier de la tombe et paraître au jour dans son suaire, bien conservé comme lui, l'émotion fut grande, et à peine si ce cri de : *Vive Henri IV!* si populaire

La profanation de Saint-Denis, vue par Hubert Robert (1733-1808) – Musée Carnavalet, Paris.

en France, ne retentit point instinctivement sous les voûtes de l'église.

Quand je vis ces marques de respect, je dirai même d'amour, je fis mettre le corps tout debout contre une des colonnes du chœur, et là chacun put venir le contempler.

Il était vêtu, comme de son vivant, de son pourpoint de velours noir, sur lequel se détachaient ses fraises et ses manchettes blanches ; de sa trousse de velours pareil au pourpoint, de bas de soie de même couleur, de souliers de velours.

Ses beaux cheveux grisonnants faisaient toujours une auréole autour de sa tête, sa belle barbe blanche tombait toujours sur sa poitrine.

Alors commença une immense procession comme à la châsse d'un saint : des femmes venaient toucher les mains du bon roi, d'autres baisaient le bas de son manteau, d'autres faisaient mettre leurs enfants à genoux, murmurant tout bas :

– Ah ! s'il vivait, le pauvre peuple ne serait pas si malheureux. Et elles eussent pu ajouter : Ni si féroce, car ce qui fait la férocité du peuple, c'est le malheur.

Cette procession dura pendant toute la journée du samedi 12 octobre, du dimanche 13 et du lundi 14.

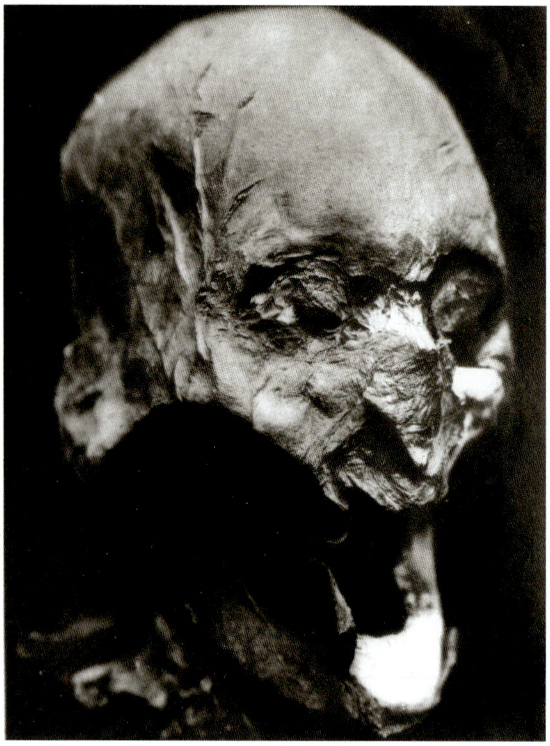

Cette tête momifiée, attribuée à Henri IV, est l'objet de bien des controverses – Wikimedia Commons.

Le lundi les fouilles recommencèrent après le dîner des ouvriers, c'est-à-dire vers trois heures après midi.

Le premier cadavre qui vit le jour après celui de Henri IV fut celui de son fils, Louis XIII. Il était bien conservé, et, quoique les traits du visage fussent affaissés, on pouvait encore le reconnaître à sa moustache.

Puis vint celui de Louis XIV, reconnaissable à ses grands traits qui ont fait de son visage le masque typique des Bourbons ; seulement il était noir comme de l'encre.

Puis vinrent successivement ceux de Marie de Médicis, deuxième femme de Henri IV ; d'Anne d'Autriche, femme de Louis XIII ; de Marie Thérèse, infante d'Espagne et femme de Louis XIV ; et du grand dauphin.

Tous ces corps étaient putréfiés. Seulement celui du grand dauphin était en putréfaction liquide.

Le mardi 15 octobre, les exhumations continuèrent.

Le cadavre de Henri IV était toujours là debout contre sa colonne, et assistant impassible à ce vaste sacrilège qui s'accomplissait à la fois sur ses prédécesseurs et sur sa descendance.

Le mercredi 16, juste au moment où la reine Marie-Antoinette avait la tête tranchée sur la place de la Révolution, c'est-à-dire à onze heures du matin, on tirait à son tour du caveau des Bourbons le cercueil du roi Louis XV.

Il était, selon l'antique coutume du cérémonial de France, couché à l'entrée du caveau où il attendait son successeur, qui ne devait pas venir l'y rejoindre. On le prit, on l'emporta et on l'ouvrit dans le cimetière seulement, et sur les bords de la fosse.

D'abord le corps retiré du cercueil de plomb, et bien enveloppé de linge et de bandelettes, paraissait entier et bien conservé ; mais, dégagé de ce qui l'enveloppait, il n'offrait plus que l'image de la plus hideuse putréfaction, et il s'en échappa une odeur tellement infecte, que chacun s'enfuit, et qu'on fut obligé de brûler plusieurs livres de poudre pour purifier l'air.

On jeta aussitôt dans la fosse ce qui restait du héros du Parc-aux-Cerfs, de l'amant de madame de Châteauroux, de madame de Pompadour et de madame du Barry, et, tombé sur un lit de chaux vive, on recouvrit de chaux vive ces immondes reliques.

J'étais resté le dernier pour faire brûler les artifices et jeter la chaux quand j'entendis un grand bruit dans l'église ; j'y entrai vivement, et j'aperçus un ouvrier qui se débattait au milieu de ses camarades, tandis que les femmes lui montraient le poing et le menaçaient.

Le misérable avait quitté sa triste besogne pour aller voir un spectacle plus triste encore, l'exécution de Marie-Antoinette ; puis, enivré des cris qu'il avait poussés et entendu pousser, de la vue du sang qu'il avait vu répandre, il était revenu à Saint-Denis, et, s'approchant de Henri IV dressé contre son pilier, et toujours entouré de curieux, et je dirai presque de dévots :

– De quel droit, lui avait-il dit, restes-tu debout ici, toi, quand on coupe la tête des rois sur la place de la Révolution ?

Et, en même temps, saisissant la barbe de la main gauche, il l'avait arrachée, tandis que, de la droite, il donnait un soufflet au cadavre royal.

Le cadavre était tombé à terre en rendant un bruit sec, pareil à celui d'un sac d'ossements qu'on eût laissé tomber.

Aussitôt un grand cri s'était élevé de tous côtés. À tel autre roi que ce fût, on eut pu risquer un pareil outrage, mais à Henri IV, au roi du peuple, c'était presque un outrage au peuple.

L'ouvrier sacrilège courait donc le plus grand risque lorsque j'accourus à son secours.

Dès qu'il vit qu'il pouvait trouver en moi un appui, il se mit sous ma protection. Mais, tout en le protégeant, je voulus le laisser sous le poids de l'action infâme qu'il avait commise.

– Mes enfants, dis-je aux ouvriers, laissez ce misérable, celui qu'il a insulté est en assez bonne position là-haut pour obtenir de Dieu son châtiment.

Puis, lui ayant repris la barbe qu'il avait arrachée au cadavre, et qu'il tenait toujours de la main gauche, je le chassai de l'église, en lui annonçant qu'il ne faisait plus partie des ouvriers que j'employais. Les huées et les menaces de ses camarades le poursuivirent jusque dans la rue.

Craignant de nouveaux outrages à Henri IV, j'ordonnai qu'il fût porté dans la fosse commune ; mais, jusque-là, le cadavre fut accompagné de marques de respect. Au lieu d'être jeté, comme les autres, au charnier royal, il y fut descendu, déposé doucement et couché avec soin à l'un des angles ; puis une couche de terre, au lieu d'une couche de chaux, fut pieusement étendue sur lui.

La journée finie, les ouvriers se retirèrent, le gardien seul resta : c'était un brave homme que j'avais placé là, de peur que, la nuit, on ne pénétrât dans l'église, soit pour exécuter de nouvelles mutilations, soit pour opérer de nouveaux vols ; ce gardien dormait le jour et veillait de sept heures du soir à sept heures du matin.

Il passait la nuit debout, et se promenait pour s'échauffer, ou assis près d'un feu allumé contre un des piliers les plus proches de la porte.

Tout présentait dans la basilique l'image de la mort, et la dévastation rendait cette image de la mort plus terrible encore. Les caveaux étaient ouverts et les dalles dressées contre les murailles ; les statues brisées jonchaient le pavé de l'église ; çà et là, des cercueils éventrés avaient restitué les morts, dont ils croyaient n'avoir à rendre compte qu'au jour du jugement dernier. Tout enfin portait l'esprit de l'homme, si cet esprit était élevé, à la méditation ; s'il était faible, à la terreur.

Heureusement le gardien n'était pas un esprit, mais une matière organisée. Il regardait tous ces débris du même œil qu'il eût regardé une forêt en coupe ou un champ fauché, et n'était préoccupé que de compter les heures de la nuit, voix monotone de l'horloge, seule chose qui fût restée vivante dans la basilique désolée.

Au moment où sonna minuit et où vibrait le dernier coup du marteau dans les sombres profondeurs de l'église, il entendit de grands cris venant du côté du cimetière. Ces cris étaient des cris d'appel, de longues plaintes, de douloureuses lamentations.

Après le premier moment de surprise, il s'arma d'une pioche et s'avança vers la porte qui faisait communication entre l'église et le cimetière ; mais, cette porte ouverte, reconnaissant parfaitement que ces cris venaient de la fosse des rois, il n'osa aller plus loin, referma la porte, et accourut me réveiller à l'hôtel où je logeais.

Je me refusai d'abord à croire à l'existence de ces clameurs sortant de la fosse royale ; mais, comme je logeais juste en face de l'église, le gardien ouvrit ma fenêtre, et, au milieu du silence troublé par le seul bruissement de la brise hivernale, je crus effectivement entendre de longues plaintes qui me semblaient n'être pas seulement la lamentation du vent.

Je me levai et j'accompagnai le gardien jusque dans l'église. Arrivés là, et le porche refermé derrière nous, nous entendîmes plus distinctement les plaintes dont il avait parlé. Il était d'autant plus facile de distinguer d'où venaient ces plaintes, que la porte du cimetière, mal fermée par le gardien, s'était rouverte derrière lui. C'était donc du cimetière effectivement que ces plaintes venaient.

Nous allumâmes deux torches et nous nous acheminâmes vers la porte ; mais trois fois, en approchant de cette porte, le courant d'air qui s'était établi du dehors au dedans les éteignit. Je compris que c'était comme ces détroits difficiles à franchir, et qu'une fois étant dans le cimetière, nous n'aurions plus la même lutte à soutenir. Je fis, outre nos torches, allumer une lanterne. Nos torches s'éteignirent ; mais la lanterne persista. Nous franchîmes le détroit, et, une fois dans le cimetière, nous rallumâmes nos torches, que respecta le vent.

Cependant, au fur et à mesure que nous approchions, les clameurs s'en étaient allées mourantes, et, au moment où nous arrivâmes au bord de la fosse, elles étaient à peu près éteintes.

Nous secouâmes nos torches au-dessus de la vaste ouverture, et, au milieu des ossements, sur cette couche de chaux et de terre toute trouée par eux, nous vîmes quelque chose d'informe qui se débattait.

Ce quelque chose ressemblait à un homme.

— Qu'avez-vous et que voulez-vous ? demandai-je à cette espèce d'ombre.

— Hélas ! murmura-t-elle, je suis le misérable ouvrier qui a donné un soufflet à Henri IV.

— Mais comment es-tu là ? demandai-je

— Tirez-moi d'abord de là, monsieur Lenoir, car je me meurs, et ensuite vous saurez tout.

Du moment que le gardien des morts s'était convaincu qu'il avait affaire à un vivant, la terreur qui d'abord s'était emparée de lui avait disparu, il avait déjà dressé une échelle couchée dans les herbes du cimetière, tenant cette échelle debout et attendant mes ordres.

Je lui ordonnai de descendre l'échelle dans la fosse, et j'invitai l'ouvrier à monter. Il se traîna, en effet, jusqu'à la base de l'échelle ; mais, arrivé là, lorsqu'il fallut se dresser debout et monter les échelons, il s'aperçut qu'il avait une jambe et un bras cassés.

Nous lui jetâmes une corde avec un nœud coulant ; il passa cette corde sous ses épaules. Je conservai l'autre extrémité de la corde entre mes mains ; le gardien descendit quelques échelons, et, grâce à ce double soutien, nous parvînmes à tirer ce vivant de la compagnie des morts.

À peine fut-il hors de la fosse, qu'il s'évanouit. Nous l'emportâmes près du feu ; nous le couchâmes sur un lit de paille, puis j'envoyai le gardien chercher un chirurgien.

Le gardien revint avec un docteur avant que le blessé eût repris connaissance, et ce fut seulement pendant l'opération qu'il ouvrit les yeux.

Le pansement fait, je remerciai le chirurgien, et, comme je voulais savoir par quelle étrange circonstance le profanateur se trouvait dans la tombe royale, je renvoyai à son tour le gardien. Celui-ci ne demandait pas mieux que d'aller se coucher après les émotions d'une pareille nuit, et je restai seul près de l'ouvrier. Je m'assis sur une pierre près de la paille ou il était couché et en face du foyer dont la flamme tremblante éclairait la partie de l'église où nous étions, laissant toutes les profondeurs dans une obscurité d'autant plus épaisse, que la partie où nous nous trouvions était dans une plus grande lumière.

J'interrogeai alors le blessé, voici ce qu'il me raconta.

Son renvoi l'avait peu inquiété. Il avait de l'argent dans sa poche, et jusque-là il avait vu qu'avec de l'argent on ne manquait de rien.

En conséquence, il était allé s'établir au cabaret. Au cabaret, il avait commencé d'entamer une bouteille, mais au troisième verre il avait vu entrer l'hôte.

— Avons-nous bientôt fini ? avait demandé celui-ci.

— Et pourquoi cela ? avait répondu l'ouvrier.

— Mais parce que j'ai entendu dire que c'était toi qui avais donné un soufflet à Henri IV.

— Eh bien ! oui, c'est moi ! dit insolemment l'ouvrier. Après ?

— Après ? je ne veux pas donner à boire à un méchant coquin comme toi, qui appellera la malédiction sur ma maison.

— Ta maison, ta maison est la maison de tout le monde, et, du moment où l'on paye, on est chez soi.

— Oui, mais tu ne payeras pas, toi.

— Et pourquoi cela ?

— Parce que je ne veux pas de ton argent. Or, comme tu ne payeras pas, tu ne seras pas chez toi, mais chez moi ; et, comme tu seras chez moi, j'aurai le droit de te mettre à la porte.

— Oui, si tu es le plus fort.

— Si je ne suis pas le plus fort, j'appellerai mes garçons.

— Eh bien ! appelle un peu, que nous voyions.

Le cabaretier avait appelé ; trois garçons, prévenus d'avance, étaient entrés à sa voix, chacun avec un bâton à la main, et force avait été à l'ouvrier, si bonne envie qu'il eût de résister, de se retirer sans mot dire.

Alors il était sorti, avait erré quelque temps par la ville et, à l'heure du dîner, il était entré chez le gargotier où les ouvriers avaient l'habitude de prendre leurs repas.

Il venait de manger sa soupe quand les ouvriers, qui avaient fini leur journée, entrèrent.

En l'apercevant, ils s'arrêtèrent au seuil, et, appelant l'hôte, lui déclarèrent que, si cet homme continuait à prendre ses repas chez lui, ils déserteraient sa maison depuis le premier jusqu'au dernier.

Le gargotier demanda ce qu'avait fait cet homme, qui était ainsi en proie à la réprobation générale.

On lui dit que c'était l'homme qui avait donné un soufflet à Henri IV.

— Alors, sors d'ici ! dit le gargotier en s'avançant vers lui, et puisse ce que tu as mangé te servir de poison !

Il y avait encore moins possibilité de résister chez le gargotier que chez le marchand de vin. L'ouvrier maudit se leva en menaçant ses camarades, qui s'écartèrent devant lui, non pas à cause des menaces qu'il avait proférées, mais à cause de la profanation qu'il avait commise.

Il sortit la rage dans le cœur, erra une partie de la soirée dans les rues de Saint-Denis, jurant et blasphémant. Puis, vers les dix heures, il s'achemina vers son garni.

Contre l'habitude de la maison, les portes étaient fermées.

Il frappa à la porte. Le logeur parut à une fenêtre. Comme il faisait nuit sombre, il ne put reconnaître celui qui frappait.

— Qui êtes-vous ? demanda-t-il.

L'ouvrier se nomma.

— Ah ! dit le logeur, c'est toi qui as donné un soufflet à Henri IV ; attends.

— Quoi ! que faut-il que j'attende ? dit l'ouvrier avec impatience.

En même temps, un paquet tomba à ses pieds.

— Qu'est-ce que cela ? demanda l'ouvrier.

— Tout ce qu'il y a à toi ici.

— Comment ! tout ce qu'il y a à moi ici.

— Oui, tu peux aller coucher où tu voudras ; je n'ai pas envie que ma maison me tombe sur la tête.

L'ouvrier, furieux, prit un pavé et le jeta dans la porte.

— Attends, dit le logeur, je vais réveiller tes compagnons, et nous allons voir.

L'ouvrier comprit qu'il n'avait rien de bon à attendre. Il se retira, et, ayant trouvé une porte ouverte à cent pas de là, il entra et se coucha sous un hangar.

Sous ce hangar, il y avait de la paille ; il se coucha sur cette paille et s'endormit.

À minuit moins un quart, il lui sembla que quelqu'un lui touchait sur l'épaule. Il se réveilla, et vit devant lui une forme blanche ayant l'aspect d'une femme, et qui lui faisait signe de le suivre.

Il crut que c'était une de ces malheureuses qui ont toujours un gîte et du plaisir à offrir à qui peut payer le gîte et le plaisir ; et, comme il avait de l'argent, comme il préférait passer la nuit à couvert et couché dans un lit, à la passer dans un hangar et couché sur la paille, il se leva et suivit la femme.

La femme longea un instant les maisons du côté gauche de la Grande-Rue, puis elle traversa la rue, prit une ruelle à droite, faisant toujours signe à l'ouvrier de la suivre.

Celui-ci, habitué à ce manège nocturne, connaissant par expérience les ruelles où se logent ordinairement les femmes du genre de celle qu'il suivait, ne fit aucune difficulté et s'engagea dans la ruelle.

La ruelle aboutissait aux champs ; il crut que cette femme habitait une maison isolée, et la suivit encore.

Au bout de cent pas, ils traversèrent une brèche ; mais, tout à coup, ayant levé les yeux, il aperçut devant lui la vieille abbaye de Saint-Denis, avec son clocher gigantesque et ses fenêtres légèrement teintées par le feu intérieur, près duquel veillait le gardien.

Il chercha des yeux la femme ; elle avait disparu.

Il était dans le cimetière.

Il voulut repasser par la brèche. Mais sur cette brèche, sombre, menaçant, le bras tendu vers lui, il lui sembla voir le spectre de Henri IV.

Le spectre fit un pas en avant, et l'ouvrier un pas en arrière.

Au quatrième ou cinquième pas, la terre manqua sous ses pieds, et il tomba à la renverse dans la fosse.

Alors, il lui sembla voir se dresser autour de lui tous ces rois, prédécesseurs et descendants de Henri IV ; alors, il lui sembla qu'ils levaient sur lui les uns leurs sceptres, les autres leurs mains de justice, en criant malheur au sacrilège. Alors, il lui sembla qu'au contact de ces mains de justice et de ces sceptres pesants comme du plomb, brûlants comme du feu, il sentait l'un après l'autre ses membres brisés.

C'est en ce moment que minuit sonnait et que le gardien entendait les plaintes.

Je fis ce que je pus pour rassurer ce malheureux ; mais sa raison était égarée, et, après un délire de trois jours, il mourut en criant : Grâce !

— Pardon, dit le docteur, mais je ne comprends point parfaitement la conséquence de votre récit. L'accident de votre ouvrier prouve que, la tête préoccupée de ce qui lui était arrivé dans la journée, soit en état de veille, soit en état de somnambulisme, il s'est mis à errer la nuit ; qu'en errant, il est entré dans le cimetière, et que, tandis qu'il regardait en l'air, au lieu de regarder à ses pieds, il est tombé dans la fosse où naturellement il s'est, dans sa chute, cassé un bras et une jambe. Or, vous avez parlé d'une prédiction qui s'est réalisée, et je ne vois pas dans tout ceci la plus petite prédiction.

— Attendez, docteur, dit le chevalier, l'histoire que je viens de raconter, et qui, vous avez raison, n'est qu'un fait, mène tout droit à cette prédiction que je vais vous dire, et qui est un mystère.

Cette prédiction, la voici :

Vers le 20 janvier 1794, après la démolition du tombeau de François Ier, on ouvrit le sépulcre de la comtesse de Flandre, fille de Philippe le Long.

Ces deux tombeaux étaient les derniers qui restaient à fouiller ; tous les caveaux étaient effondrés, tous les sépulcres étaient vides, tous les ossements étaient au charnier.

Une dernière sépulture était restée inconnue : c'était celle du cardinal de Retz, qui, disait-on, avait été enterré à Saint-Denis.

Tous les caveaux avaient été refermés ou à peu près, caveau des Valois, et caveau des Charles. Il ne restait que le caveau des Bourbons, que l'on devait fermer le lendemain.

Le gardien passait sa dernière nuit dans cette église où il n'y avait plus rien à garder ; permission lui avait donc été donnée de dormir, et il profitait de la permission.

À minuit, il fut réveillé par le bruit de l'orgue et des chants religieux. Il se réveilla, se frotta les yeux et tourna la tête vers le chœur, c'est-à-dire du côté où venaient les chants.

Alors, il vit avec étonnement les stalles du chœur garnies par les religieux de Saint-Denis ; il vit un archevêque officiant à l'autel ; il vit la chapelle ardente allumée ; et, sous la chapelle ardente allumée, le grand drap d'or mortuaire qui, d'habitude, ne recouvre que le corps des rois.

Au moment où il se réveillait, la messe était finie et le cérémonial de l'enterrement commençait.

Le sceptre, la couronne et la main de justice, posés sur un coussin de velours rouge, étaient remis aux hérauts, qui les présentèrent à trois princes, lesquels les prirent.

Aussitôt s'avancèrent, plutôt glissant que marchant, et sans que le bruit de leurs pas éveillât le moindre écho dans la salle, les gentilshommes de la chambre qui prirent le corps et qui le portèrent dans le caveau des Bourbons, resté seul ouvert, tandis que tous les autres étaient refermés.

Alors, le roi d'armes y descendit, et, lorsqu'il y fut descendu, il cria aux autres hérauts d'avoir à y venir faire leur office.

Le roi d'armes et les hérauts étaient au nombre de cinq.

Du fond du caveau, le roi d'armes appela le premier héraut, qui descendit, portant les éperons ; puis le second, qui descendit, portant les gantelets ; puis le troisième, qui descendit, portant l'écu ; puis le quatrième, qui descendit, portant l'armet timbré ; puis le cinquième, qui descendit, portant la cotte d'armes[38].

Ensuite, il appela le premier valet tranchant, qui apporta la bannière ; les capitaines des

38 – Ce qui indique donc que le roi d'armes et les hérauts étaient six, et non cinq : une distraction de Dumas ou de son nègre...

Suisses, des archers de la garde et des deux cents gentilshommes de la maison ; le grand écuyer, qui apporta l'épée royale ; le premier chambellan, qui apporta la bannière de France ; le grand maître, devant lequel tous les maîtres d'hôtel passèrent, jetant leurs bâtons blancs dans le caveau et saluant les trois princes porteurs de la couronne, du sceptre et de la main de justice, au fur et à mesure qu'ils défilaient ; les trois princes, qui apportèrent à leur tour sceptre, main de justice et couronne.

Alors, le roi d'armes cria à voix haute et par trois fois :

« Le roi est mort ; vive le roi ! Le roi est mort ; vive le roi ! Le roi est mort ; vive le roi ! »

Un héraut, qui était resté dans le chœur, répéta le triple cri.

Enfin, le grand maître brisa sa baguette en signe que la maison royale était rompue, et que les officiers du roi pouvaient se pourvoir.

Aussitôt les trompettes retentirent et l'orgue s'éveilla.

Puis, tandis que les trompettes sonnaient toujours plus faiblement, tandis que l'orgue gémissait de plus en plus bas, les lumières des cierges pâlirent, les corps des assistants s'effacèrent, et, au dernier gémissement de l'orgue, au dernier son de la trompette, tout disparut.

Le lendemain, le gardien, tout en larmes, raconta l'enterrement royal qu'il avait vu, et auquel, lui, pauvre homme, assistait seul, prédisant que ces tombeaux mutilés seraient remis en place, et que, malgré les décrets de la Convention et l'œuvre de la guillotine, la France reverrait une nouvelle monarchie et Saint-Denis de nouveaux rois.

Cette prédiction valut la prison et presque l'échafaud au pauvre diable, qui, trente ans plus tard, c'est-à-dire le 20 septembre 1824, derrière la même colonne où il avait eu sa vision, me disait, en me tirant par la basque de mon habit :

— Eh bien ! monsieur Lenoir, quand je vous disais que nos pauvres rois reviendraient un jour à Saint-Denis, m'étais-je trompé ?

En effet, ce jour-là on enterrait Louis XVIII avec le même cérémonial que le gardien des tombeaux avait vu pratiquer trente ans auparavant.

— Expliquez celle-là, docteur.

LE CURÉ DE MONTÉROLIER ET AUTRES SOUVENIRS DE LA RÉVOLUTION

Où l'auteur vous emmène en Normandie et dans le Pays basque, en Gâtine poitevine et en Alsace, en Hesbaye, dans le Pas-de-Calais et à Lille, dans le Maine-et-Loire et les Deux-Sèvres, à Quiberon, au château de Bigny dans le Cher et au château de Pirou dans la Manche, sur la trace des damnés de la Révolution

Lisant le roman *Jacqueline de Vardon*, d'Amélie Bosquet, et ému à la lecture d'une description de Rouen, Flaubert n'avait pas hésité à parler de « chef-d'œuvre ». La postérité est parfois injuste : elle a oublié l'œuvre romanesque de celle qui fut l'amie et la correspondante de George Sand pour ne retenir qu'un seul de ses livres : *La Normandie romanesque et merveilleuse, Traditions, légendes et superstitions populaires de cette province*. Publié en 1845, ce livre n'a jamais été remplacé et reste la référence sur le légendaire normand.

C'est de ce livre que j'extrais cette légende liée à la Révolution :

« *Nous pouvons rapporter, d'après une tradition orale, comment eut lieu la célébration de la messe d'un revenant, à la suite d'une catastrophe tragique, arrivée au petit village de Monterollier*[39]*, arrondissement de Neufchâtel-en-Bray, dans le temps de la Révolution. Ainsi que les autres ecclésiastiques exerçant à cette époque, le desservant de la paroisse de Monterollier avait été mandé à la municipalité de son canton, pour prêter serment à la Convention nationale. Dans les idées du pauvre prêtre, le serment qu'on exigeait de lui devait le rendre coupable d'apostasie et de sacrilège ; mais, d'un autre côté, il n'ignorait pas que refuser d'en remplir la formalité, c'était encourir une mort ignominieuse. L'horreur de cette alternative produisit une impression si violente sur cet infortuné, qu'il en perdit la raison, et résolut de mettre fin à ses incertitudes par le suicide : il se tira, à bout portant, un coup de pistolet. Sa mort tragique fut un sujet d'émotions diverses pour les habitants de sa paroisse et des villages*

39 – J'ai respecté l'orthographe communément admise au XIXe siècle, quand écrivait Amélie Bosquet.

environnants. Cependant, elle eut peut-être été facilement oubliée, au milieu de la rumeur des évènements nationaux, si le fait surnaturel qui la suivit de près n'en eut réveillé pour longtemps la mémoire.

*Une nuit que le meunier du pays faisait une de ses tournées habituelles, dans la seule compagnie de son âne qui portait ses sacs de farine, il dut traverser un bois, situé à quelque distance de Monterollier, sur une côte voisine d'un autre village appelé Saint-Martin-le-Blanc. Le meunier marchait joyeusement, en sifflant sa chansonnette, lorsqu'il aperçut, au milieu du sentier qu'il suivait dans le bois, l'ombre du desservant suicidé. Cette figure était si familière à notre villageois, qu'il n'éprouva d'abord aucune surprise, et ne fit aucune réflexion sur la singularité de la rencontre ; il ne chercha même point à se détourner de son chemin. Lorsqu'il fut en présence du revenant, celui-ci l'appela par son nom, et lui demanda s'il savait servir la messe ; le meunier répondit affirmativement. « Voulez-vous servir celle qui va être dite ? — Sans difficulté », répliqua ingénument le villageois. À peine avait-il donné son consentement, qu'il aperçut devant lui un autel dressé, des cierges allumés, et toutes choses préparées pour le sacrifice divin. Le prêtre commença aussitôt la messe, prononçant chaque parole avec une gravité solennelle ; le meunier répondait avec un profond recueillement et sans apparence de trouble. L'office se continua naturellement jusqu'à la formule de l'*Ite missa est*; alors les cierges s'éteignirent, l'autel disparut, et l'ombre du prêtre s'évanouit. La rencontre du revenant et l'acte religieux qui l'avait suivie s'étaient succédé si rapidement, que le meunier n'avait pas eu encore la réflexion de la peur ; mais, lorsqu'il se trouva abandonné au milieu de la solitude ténébreuse du bois, qu'il remarqua que son âne, sans avoir été attaché, était demeuré immobile, comme si ses pieds eussent été fixés au sol, enfin lorsqu'il repassa dans son esprit toutes les circonstances du fait extraordinaire dont il avait été témoin, il ressentit une frayeur si saisissante, que tous ses efforts pour la combattre furent inutiles. Il se hâta cependant de regagner son logis ; mais, arrivé chez lui, il tomba malade et mourut au bout de peu de jours, soit des suites de sa peur, soit parce que la fatalité de l'apparition qu'il avait rencontrée le vouait à une fin prochaine. »*

Et Amélie Bosquet de commenter : « Ordinairement, c'est dans l'intérieur des églises qu'apparaissent et se tiennent, pendant la nuit, les prêtres défunts qui attendent qu'un homme assez courageux et assez dévoué se présente pour leur servir la messe. On voit alors des lumières surnaturelles briller à travers les vitraux du sanctuaire, comme pour éveiller la sollicitude des fidèles. » C'est tout à fait exact, je vous contais plus haut quelques-unes de ces légendes, à Aouze, Toulon et Fontenay-le-Comte.

Le fantôme décapité

Quittons la Normandie pour le Pays basque, et plus précisément un petit village du pays de Cize, Caro. La maison noble d'Olhonce appartenait à une vieille famille cizaine, les Logras. Un de ses membres fut guillotiné à la Révolution. On le voyait hantant son ancienne demeure, la tête dans les bras.

Noël sanglant à Puyrenard

Lors de la Révolution, des exaltés s'emparèrent des cloches de l'église de La Boissière-en-Gâtine, et entreprirent de les porter à Parthenay. Mais, à Lageon, ils les jetèrent sans plus de façon dans le Cébron.

Plus tard, un soir de Noël, à Viennay sur l'autre rive, dans le logis de Puyrenard, des religieuses et un prêtre réfractaire furent surpris alors qu'ils célébraient la messe de minuit. Ils furent tous massacrés.

Et c'est depuis lors que tous les ans, le 24 décembre, à minuit, à Puyrenard, sur le chemin des Marchands ou aux alentours du vieux pont de Vaugely, sur le Cébron, on peut voir une procession de spectres menée par un prêtre sans tête, tandis que les cloches se mettent à sonner au fond de la rivière.

Le carrosse sanglant d'Euloge Schneider

Curieux personnage que ce Johann Georg Schneider, né en Bavière en 1756, devenu Euloge Schneider à son entrée chez les Franciscains, et qui écrivit un cantique en l'honneur de La Trinité qui se chante encore aujourd'hui dans quelques diocèses allemands. Il s'intéresse aux « idées nouvelles », devient professeur à l'université de Bonn, et écrit... si bien qu'une de ses publications lui vaut les foudres du nonce apostolique et son renvoi. Il est reçu dans une loge maçonnique, mais là aussi il en fait trop et il est exclu. Il passe alors le Rhin et s'installe à Strasbourg. Celui qui avait écrit une ode en l'honneur de La Trinité s'enthousiasme pour la Révolution à laquelle il consacre une... ode !

Elle est tombée la chaîne du despotisme,
Heureux peuple ! Par ta main :
Le trône du prince est devenu pour toi un lieu de liberté.
Et le royaume est devenu une patrie.
Ce n'est plus un trait de plume, ce n'est plus « Tel est notre plaisir »,
Qui décidera désormais du sort du citoyen.
Là-bas, elle est en ruines, la Bastille,
Le Français est un homme libre !

À Strasbourg, Euloge Schneider se radicalise de plus en plus. Il devient commissaire civil et accusateur public au Tribunal révolutionnaire. Il traduit *La Marseillaise* en allemand. Et soutient de tout son cœur, de toute sa fougue, la Terreur. Il fait exécuter une trentaine de malheureux. Ses partisans terrorisent tout le Bas-Rhin, de Haguenau à Barr, épurant les municipalités, dénonçant les suspects, remplissant ainsi prisons et charrettes à futurs décapités.

Le 15 décembre 1793, l'ancien Franciscain prend épouse. Il se pavane dans un carrosse tiré par six chevaux, escorté de gardes au sabre nu. C'en est trop ! L'impudent jeune marié est arrêté sur l'ordre de Saint-Just. Pendant plusieurs heures, il est attaché à « sa » guillotine, en plein Strasbourg, objet de quolibets et de moqueries. Puis il est transféré à Paris. Le 1er avril 1794, il est guillotiné.

Il passera à la postérité, grâce notamment à Erckmann-Chatrian. Et aussi grâce à sa cruauté...

On conta longtemps en Alsace l'histoire du carrosse dégoulinant de sang, tiré par des squelettes de chevaux et conduit par un cocher armé d'un grand coutelas. Son passager, décapité, se tenait près de la portière par laquelle il tendait sa tête sanglante.

Terrible apparition, qu'on signale du côté de Barr et de Mittelbergheim – où deux femmes furent guillotinées pour avoir écrit à leurs frères émigrés.

Le fantôme de l'abbé Rutten

L'abbé Rutten était le curé d'un petit village de la Hesbaye, Otrange, non loin de Waremme – aujourd'hui en province belge de Liège, à cette époque en département français de l'Ourthe. Il était resté attaché aux idées anciennes et ne ratait pas une occasion de le faire savoir. Si bien qu'un jour des révolutionnaires débarquèrent chez lui, le rossèrent, le collèrent contre un mur et le fusillèrent. Ils jetèrent son corps dans les douves du château d'Otrange. Depuis, on voit parfois une lumière qui flotte au-dessus de l'eau : c'est le fantôme de l'abbé Rutten.

L'encombrant cadavre de M. Jean le Vasseur

En 1644, mourut à Fleurbaix Jean le Vasseur. Mayeur de Lille, il avait consacré sa ville à la Sainte Vierge le 28 octobre 1634. De quoi entrer dans l'Histoire régionale... Mais il n'aurait sans doute laissé aucun souvenir légendaire derrière lui s'il n'avait demandé à être inhumé dans la Chartreuse qu'il avait fondée, à La Boutillerie.

Le temps passa. Vinrent la Révolution, les biens nationaux, la lutte contre l'Église... En 1793, des démolisseurs sont en train de démanteler le monastère quand ils tombent sur le caveau où gît le cercueil de Jean le Vasseur. Curieux, ou cupides, ils l'ouvrent, et ont la surprise de trouver un corps parfaitement bien conservé. Si bien conservé, même, que quand on enfonce un doigt dans la joue du cadavre, ou ailleurs, la chair revient à son état naturel, exactement comme si elle était vivante.

On renouvelle l'expérience dix fois, cent fois... À cette vue, un révolutionnaire se convertit. Un autre coupe un doigt au cadavre, et aussitôt un flot de sang jaillit.

L'affaire fait grand bruit. Des villages environnants, le peuple accourt. On voit en Monsieur le Vasseur un saint, un grand saint. Devant pareil afflux, les nouveaux propriétaires de la Chartreuse tentent d'en interdire l'accès. Les pèlerins – il faut bien leur donner ce nom – restent dehors, allument des cierges le long des murs, prient...

On décide de transporter le corps à l'église de Fleurbaix. Les pèlerins suivent, de plus en plus nombreux. Des chirurgiens, des médecins, des notables viennent voir le corps, l'examinent, tentent de comprendre comment un cadavre vieux de 150 ans semble si vivant. En vain... Un chirurgien de Lille, le Dr Degland, fait l'autopsie du corps. Quand il l'ouvre, le sang coule en abondance. Il est mal à l'aise, ne sait que croire, ne sait que dire en ces temps troublés où les autorités ont la guillotine facile. Plus tard, à ses amis, il dira : « J'ai ouvert le corps d'un saint. »

La ferveur populaire va en augmentant. Les comités révolutionnaires de Lille et de Béthune envoient des troupes. Mais la plupart des soldats, plutôt que de disperser la foule, s'empressent de toucher le corps de leurs armes, sûrs ainsi d'être préservés des malheurs de la guerre.

Furieux devant ce retour du « fanatisme », les révolutionnaires les plus orthodoxes ordonnent le transfert du corps à l'église Sainte-Catherine de Lille, puis le font enterrer clandestinement, on ne sait où, sans doute dans quelque recoin du cimetière voisin.

Et donc, quelque part dans Lille, repose le corps de Monsieur le Vasseur, peut-être tout aussi « vivant » qu'en 1793...

En 1854, la pierre tombale de Jean le Vasseur, celle qui se trouvait à La Boutillerie, est retrouvée dans une ferme de Verlinghem. Elle occupe aujourd'hui la place d'honneur de la crypte de la cathédrale Notre-Dame de la Treille, à Lille. Cette crypte est normalement fermée au public, ce qui n'empêche pas les pèlerins de prier à sa porte. Lors de ma visite, j'en rencontrai un, venu de Tournai en Belgique. Il me confia qu'il venait une fois par an, à l'anniversaire de la mort de sa mère, et qu'il invoquait Jean le Vasseur pour que les siens aient « une bonne mort ».

Le fantôme du hussard

Queruau-Lamerie rapporte cette légende en 1899 :

« Au bord de la route d'Angers à Caen, au bas d'une côte, sur la commune de Montreuil-sur-Maine, existe une petite chapelle élevée au commencement de ce siècle. Il y a une vingtaine d'années on prétendait que tous ceux qui passaient à minuit devant cette chapelle pouvaient voir un hussard à cheval montant la garde à sa porte. Il s'agissait, disait-on, d'un hussard tué pendant les guerres de la Chouannerie, en portant la correspondance entre les cantonnements du Lion-d'Angers et de Château-Gontier. Cette croyance a disparu aujourd'hui. »

Le gendarme supplicié

À La Chapelle-Thireuil, dans les Deux-Sèvres, c'est un gendarme qui *« fut pris par les Chouans, attaché à un arbre et tué après mille cruautés. Son fantôme à cheval vient maintenant visiter la nuit le lieu du supplice, en poussant des gémissements épouvantables. Il commença à paraître peu après l'assassinat et ceux qui avaient entendu les cris du gendarme, lorsqu'il subissait les violences de ses ennemis, croyaient reconnaître sa voix. »*

Les âmes de Quiberon

Le 27 juin 1795, des navires anglais débarquent dans la baie de Quiberon des milliers d'émigrés, bientôt rejoints par plus de 12 000 Chouans. La bataille contre les armées de la République tourne au désavantage des royalistes. Plus de 200 combattants royalistes sont fusillés et sommairement enterrés. C'est le Champ des Martyrs, à Brech, près d'Auray, et le comte d'Amézeuil – en fait, un des nombreux pseudonymes d'un certain Charles Paul Jacques Aclocque – écrit : *« aussi dit-on dans le pays, à propos de ceux qui dorment sous les landes et les bruyères du Champ des Martyrs, que leurs âmes reviennent la nuit, et se mettent à danser sous la feuillée. On entend alors comme les sourds murmures de la brise du soir, et le paysan, qui sait que ce sont les plaintes de ces pauvres âmes en souffrance, s'éloigne en se signant et en murmurant un* De Profundis. »

Jolie histoire, mais il faut noter que Paul Sébillot conseillait de se méfier de l'imagination de cet auteur...

Le marquis de Bigny

On note peu de légendes de nobles décapités qui s'en viennent hanter les lieux de leur supplice ou leurs anciens domaines. Le marquis de Bigny fut décapité au château du même nom, à Vallenay, dans le Cher. Son épouse s'exila en Angleterre, son fils périt lors du débarquement de Quiberon dont je vous parlais plus haut. Au XIXe siècle, on voyait dans les environs de Vallenay une forme blanche tenant une tête rouge entre ses mains, et poussant des lamentations.

La forme blanche de Pirou

Le château de Pirou, bâti sur un îlot artificiel, entouré de douves en eaux, a fière allure. C'est sans doute l'un des plus beaux châteaux de la Normandie. Jusqu'à la Grande Guerre, on voyait une forme blanche survoler silencieusement les douves. Pour certains, c'était un seigneur « du temps de la guerre contre les Anglais », mort au combat ou assassiné traîtreusement, on ne savait trop. Pour d'autres, c'était une victime de la Révolution, seigneur ou curé.

1

2

3

Double-page précédente :
1. Le château de Bigny – Wikimedia Commons.
2. Aujourd'hui, le château de Pirou en impose encore – Wikimedia Commons.
3. Vue aérienne d'un château qui semble bien difficile à prendre – Photo Mairie de Pirou.

Le château de Pirou est l'un des plus beaux de la Normandie – Photo Brady Brenot.

NAPOLÉON N'EST PAS MORT

Où l'auteur vous emmène
en Alsace,
où longtemps après sa mort
on vit Napoléon à la tête de nouvelles troupes,
et en Lozère,
dans un château du causse Sauveterre où erre son fantôme

« *L'Alsace a fourni aux armées impériales un contingent non négligeable de soldats et d'officiers*, écrit Freddy Sarg. *Même si beaucoup d'Alsaciens durent laisser leur vie sur les champs de bataille, le souvenir de l'empereur est longtemps resté très vivace dans la conscience collective de l'Alsace.*[40] »

On ne peut mieux dire...

En Alsace comme partout en France, et jusqu'en Espagne et en Irlande, en Belgique et dans les pays allemands, ils furent nombreux à ne pas croire en la mort de Napoléon, surtout là-bas, bien loin, dans une île qu'on ne savait guère situer sur une carte, chez ces sujets de la perfide Albion. Non ! celui qui avait fait plier l'Europe, celui qui avait emmené les armes françaises des sables égyptiens aux neiges moscovites, le vainqueur d'Iéna ou d'Austerlitz, de Marengo ou de Wagram, ne pouvait pas quitter la scène de telle façon, toujours craint, encore jeune – il n'avait pas 52 ans quand il mourut le 5 mai 1821. C'était là, à coup sûr, une fausse nouvelle forgée à Londres, pour cacher son évasion.

D'ailleurs, on le saura plus tard, des plans d'évasion furent mis en œuvre dans la lointaine Louisiane, sous la direction de l'ancien maire de la ville. Napoléon était très populaire dans les jeunes États-Unis – qui, on l'oublie souvent, furent en guerre contre l'empire britannique du 18 juin 1812 au 12 février 1815

Voici ce qu'écrit le folkloriste Jean Variot à propos de Napoléon en Alsace :

« *Beaucoup d'années après la mort de l'empereur Napoléon, l'opinion courante dans le peuple de Strasbourg et d'Alsace était qu'il ne serait pas mort à Sainte-Hélène ; sa mort était une invention mensongère de ses ennemis. "Il vit encore, disaient les gens, il viendra avec les Noirs et les Turcs ; avec une puissance renouvelée, il remontera sur le trône et, entouré d'un éclat nouveau, il régnera sur le monde."*

Beaucoup ont prétendu avoir rencontré dans la nuit du 2 décembre un homme à cheval coiffé d'un bicorne, enveloppé d'une longue

40 – Freddy Sarg, *Croyances populaires en Alsace*, Strasbourg, Oberlin, 1976, p. 11.

pèlerine et suivi par tout un cortège de généraux également à cheval. Il était précédé d'un bataillon, avec sa musique et son drapeau. Les tambours portaient leurs caisses sur leur dos. Derrière avançait un escadron. Ce n'étaient pas là des fantômes ni de vaines apparitions. On avait parlé avec ces soldats, qui étaient bel et bien en chair et en os, et qui disaient ironiquement : "On croit qu'il est mort, mais on se trompe. Il va rassembler de nouvelles armées, mais il ne marche que la nuit pour ne pas être découvert." Il, ce ne pouvait être que Napoléon. Plusieurs fois, des passants attardés ont affirmé avoir rencontré cet étrange cortège, qui ne pénétrait pas dans Strasbourg mais contournait les remparts pour n'avoir pas affaire avec les sentinelles.»

La croyance en la survie de Napoléon se retrouve dans d'autres provinces de France, ainsi qu'en Belgique et en Allemagne. Dans ce dernier pays, en Thuringe et en Saxe, on crut même que Napoléon avait délivré Barberousse de son sommeil pour prendre sa place. Sous sa montagne, l'empereur réfléchit. Et, après le coup d'État du 2 décembre 1851, bien des Français crurent que ce Napoléon III n'était en fait que le Napoléon, qui enfin avait repris sa place. On le crut aussi dans certains villages jadis français, après Waterloo devenus néerlandais puis belges, et notamment à Alle-sur-Semois et dans les environs de Bouillon. On attendait même les troupes françaises libératrices. Bien des années plus tard, on les vit enfin, ces soldats de Napoléon, mais ce n'était que les lambeaux des troupes vaincues à Sedan...

Quant aux Espagnols, qui haïssaient Napoléon, ils se méfiaient tellement d'un éventuel retour qu'en 1870 encore ils brûlaient son effigie.

Napoléon après la bataille de Laon, huile sur toile d'Ernest Meisonnier – Musée d'Orsay, Paris.

Le veilleur de Wasselonne

Non, les Alsaciens ne croyaient guère à la mort de Napoléon. Pourtant, les habitants de Wasselonne furent les premiers Européens à apprendre la mort de l'Aigle, là-bas, bien loin sur les mers.

Dans la nuit du 5 au 6 mai 1821, le veilleur de Wasselonne parcourait la ville, annonçant deux heures du matin. Comme il traversait la place de l'Église, il aperçut un homme assis devant le portail. Il s'approcha et à son grand effroi il reconnut son prédécesseur, un ancien grenadier de l'empereur Napoléon, décoré de la Légion d'honneur. Devant cette apparition, il resta pétrifié, ne pouvant ni avancer ni reculer. Le fantôme lui dit : « N'aie pas peur ! Je venais t'annoncer que notre grand empereur est mort cette nuit : tu peux le crier aux habitants ! » Et il disparut.

Le veilleur se remit peu à peu de sa frayeur et continua sa tournée, criant : « Priez Dieu ! Pour ceux qui pleurent ! Pour ceux qui meurent ! Pour ceux qui errent sans feu ni lieu ! L'empereur Napoléon est mort aujourd'hui ! ».

Et les gens, dans leur lit, se dirent que le veilleur était devenu fou.

Le fantôme au bicorne

Dans le causse de Sauveterre, à Laval-du-Tarn en Lozère, se trouve le château de la Caze. Une partie des bâtiments date du XVe siècle. La Révolution fit de ce château une prison ; aujourd'hui, c'est un hôtel-restaurant de luxe qui ravit les touristes qui visitent les gorges du Tarn.

Jadis, on entendait dans les couloirs un pas lourd : c'était une ombre coiffée d'un bicorne. On disait que c'était le fantôme de Napoléon, qu'il avait réussi à s'enfuir de Sainte-Hélène, qu'il avait débarqué clandestinement à Bordeaux, et qu'il mourut au château, alors qu'il se rendait à Paris pour reconquérir son trône.

De Bordeaux à Paris par la Lozère... L'empereur ne semblait guère pressé de revoir Paris !

À droite :
Le château de la Caze au XIXe siècle, alors hanté par Napoléon. Le village voisin, Sainte-Enimie, abrite les ruines du château de Castelbouc : on dit qu'il doit son nom au fait que tous les hommes du village partirent aux croisades, sauf le seigneur, qui, seul homme de la contrée devant toutes ces femmes en manque, mourut d'épuisement et revint survoler son castel sous la forme d'un bouc – Collection de l'auteur.

P.104

Lith. de Engelmann

Château de la Case, coté du Nord.

Languedoc

L'ÉTOILE VENGERESSE

Où l'auteur vous emmène
en Vendée,
où des assassins furent bien punis

Ce récit n'a pas deux siècles, et c'est l'un de ses intérêts. Il nous est rapporté par Jehan de la Chesnaye, qui le recueillit à L'Herbergement, non loin de Montaigu :

« *En 1832, lors de la révolte de la Vendée contre le gouvernement de Juillet, les troupes de la duchesse de Berry venaient d'être défaites (...) De tous côtés, on ne voyait que fuyards cherchant à gagner qui leurs châteaux, qui leurs chaumières. Dans un village, un officier noble, le bras en écharpe et se traînant lamentablement à la faveur de la nuit, demande l'hospitalité aux paysans d'une cabane. Le soir, avant de passer dans la chambre qu'on lui a préparée, le malheureux confie à ses hôtes que, trésorier de l'armée en déroute, son état de faiblesse l'a obligé d'abandonner dans le tronc d'un vieux chêne une sacoche bien garnie. Il propose aux paysans de l'aller chercher, avec promesse d'une bonne récompense. Cette confidence devait le perdre. Pendant son sommeil les misérables l'égorgèrent et cachèrent son corps sous une barge de bois. Quelques mois après, le père du malheureux officier étant venu réclamer son fils, ses assassins déclarèrent ne l'avoir jamais vu. Mais le vieillard, ayant appris qu'ils mentaient, les maudit. Chaque soir après cette malédiction, une brillante étoile se détachait du ciel, inondant la maison d'une lueur étrange. Une bête hideuse grimpait aux treilles, faisant entendre de terribles hurlements. Jusqu'à la troisième génération, il n'y eut que des fous dans la famille des assassins.* »

Maupassant en aurait troussé une nouvelle digne de *La Peur*.

GUERRE OU FAMINE

Où l'auteur vous emmène
à Toulon,
où la crainte d'une guerre provoqua de curieuses choses
et de Dunkerque à Marseille en passant par Brest et La Rochelle,
sur la trace d'un spectre

Les faits sont rapportés par un Toulonnais, le Dr Laurent Jean-Baptiste Bérenger-Féraud, qui fut à la fois médecin-chirurgien de marine et brillant folkloriste :

« En 1840, au moment où la question d'Orient était très tendue, et qu'on se demandait si l'escadre française n'allait pas avoir à combattre les Anglais, dans le Levant, l'émotion des familles maritimes fut très grande à Toulon. On y raconta : que la Vierge de la montagne de Sicié avait pleuré ; que les plaies d'un Christ avaient saigné ; qu'un crieur de nuit avait vu, à deux reprises, sur le péristyle de l'église Saint-François de la place Saint-Jean, un fantôme portant un sabre et un pain noir, et lui disant : "Guerre ou famine." »

Le folkloriste toulousain Jules Fournier rapporte qu'en 1869 et surtout 1870, on vit un spectre se lamenter sur les quais des ports militaires de Brest, Cherbourg, Lorient, Rochefort et Toulon, sur les remparts de Saint-Malo, mais aussi à Dunkerque, Fécamp, Hyères, Marseille, Saint-Nazaire et La Rochelle. Dans ce dernier port, il *« était vêtu d'une sorte de jaquette rouge qui rappelait l'habillement anglais. Certains crurent à une guerre prochaine avec la Grande-Bretagne (...) Toujours en 1870, on vit un spectre en uniforme ancien portant un crâne ou deux fémurs croisés au fort de Joux à La Cluse dans le Doubs, au fort Saint-André près d'Avignon et au fort Saint-Elme à Collioure. On en vit un aussi, à la même époque, non pas dans le fort même de Tournoux, dans la vallée de l'Ubaye, mais dans les rues des deux villages voisins de ce fort, La Condamine-Châtelard et Saint-Paul-sur-Ubaye (...) Mon correspondant bourguignon, le poète Achille Millien, m'indique qu'à la caserne Pittié à Nevers, tout récemment encore, des sentinelles assurèrent avoir vu un fantôme vêtu d'un linceul. Point de merveilleux ici, c'était un militaire qui jouait à leur faire peur (...) Un autre farceur du même genre a sévi à la caserne Courtil à Montargis, mais a essuyé deux coups de feu qui, s'ils ne l'ont pas atteint, l'ont dissuadé de récidiver (...) Après la chute du Second Empire, un spectre en uniforme est signalé dans les forts de Savoie, notamment au fort de Ronce à Lanslebourg, et à Nice, ce qui fit croire à certains que ces territoires, français depuis peu, allaient revenir à l'Italie. À la même époque, un revenant est signalé au fort du Mont-Dauphin, sans doute un concurrent en mauvaises farces des spectres de Nevers et Montargis.»*

Ce même auteur ajoute : *«Déjà au XVIe siècle, lors des guerres de Religion, on parla d'un spectre portant un livre de feu qui errait à Carcassonne, entre la ville basse qui soutenait les protestants et la ville haute qui était restée catholique.»*

Fournier n'indique aucune source ; malgré mes recherches, je n'ai pu en savoir plus sur ces spectres annonciateurs de guerre. Curieusement, on n'en signale aucun dans l'Est de la France, pourtant face à l'Allemagne. Seul Jules Mazé note dans ses papiers que *«sur les glacis de Bitche apparaissait encore vers 1900 un soldat vêtu comme du temps de Napoléon Ier. Il dormait, disait-on, alors qu'il était de garde, ce qui permit à l'ennemi de prendre Bitche.»*

Le port de Lorient en 1776, gravure d'après un dessin de Nicolas Ozanne. Les marins, qu'ils soient bretons ou provençaux, anglais ou chinois, espagnols ou turcs, ont toujours été particulièrement superstitieux : on lira avec profit *Contes de marins* et *Le Folklore des pêcheurs*, de Paul Sébillot – Collection de l'auteur.

LA REVENANTE PATRIOTE

Où l'auteur vous emmène dans le Vexin normand, au château de Rosay-sur-Lieure, où une revenante ne manquait pas de sentiments patriotiques

La marquise de Rosay mourut en 1778, jeune encore, elle n'avait que quarante-deux ans. Avait-elle quelques péchés sur la conscience qui l'empêchèrent de fléchir le bon saint Pierre ? Ou aimait-elle trop son château pour le quitter si jeune ? On ne sait pas. Toujours est-il qu'on la vit, dans les couloirs, dans les allées du parc, dans les escaliers…

La nuit, elle entrait sans bruit dans les chambres, éteignait votre bougie et s'en allait, farceuse, avec votre oreiller.

Ou alors elle réveillait tout le château, éclairait toutes les lampes du salon, faisait sonner les cloches ou jouait du piano…

Parfois, elle était accompagnée de son chien, et des invités, en 1866, l'entendirent très nettement qui l'appelait : « Spora ! Spora ! » Au petit matin, ils contèrent la chose, et une vieille domestique, en se signant, dit que c'était le nom du chien préféré de la marquise.

Vinrent 1870 et les Prussiens, qui s'installèrent comme chez eux dans le château de Rosay. On dit que sans doute la marquise en fut outrée, car elle disparut à jamais.

Au XIXe siècle, tandis que son mari organisait des parties de chasse où se bousculait toute la noblesse normande, la comtesse Apollonie de La Rochelambert Valon tenait salon littéraire en ce château. Elle y reçut notamment Gustave Flaubert, Prosper Mérimée, Théophile Gautier, Hector Malot… et Guy de Maupassant, l'immortel auteur du *Horla*, si friand de surnaturel.

Le château de Rosay-sur-Lieure, qui fut hanté par une marquise aussi susceptible que patriote – Wikimedia Commons.

LE TRÈS CONSCIENCIEUX PERCEPTEUR DE THIONVILLE

Où l'auteur vous emmène

à Thionville,

où un percepteur fut tenace même après sa mort

Il fut un temps où les fonctionnaires étaient plus consciencieux qu'aujourd'hui, et les percepteurs plus tenaces encore : même après leur mort, ils venaient encore vous réclamer de l'argent ! Ainsi, à Thionville, à la fin du XIXe siècle…

Après l'annexion, le Reich envoya un percepteur des impôts à Thionville devenu *Diedenhofen*. Le malheureux passait des heures et des heures dans son bureau, souvent bien tard dans la nuit, pour faire rentrer l'argent. Puis on le trouva mort, étendu à côté de son bureau. On ne lui connaissait pas de famille. On l'enterra dans un recoin du cimetière, puis on n'y pensa plus.

Un an après son décès, on le vit qui errait la nuit dans les rues de Thionville, clamant d'une voix pleureuse : « Sie haben das Geld zu geben ! » (« Vous devez donner l'argent ! »).

Cela dura une semaine, à Thionville et dans les environs : on le vit aussi qui divaguait dans Nilvange, Yutz, Manom, Volkrange, Angevillers, Hayange, Cattenom…, puis il disparut, pour revenir un an plus tard pour une nouvelle période de sept nuits.

Sa pénitence dura sept ans, et sans doute trouva-t-il alors le repos, car jamais on ne le revit.

Quand Thionville était Diedenhofen, aux rues hantées par un percepteur très consciencieux – Collection de l'auteur.

UNE NUIT AVEC CLAUDE SEIGNOLLE À PERTHES-LES-HURLUS

Où l'auteur vous emmène
dans un village mort…
(Mais tout y est-il bien mort ?),
puis dans le Périgord, en l'altière forteresse de Beynac

J'ai des dettes !… Oh ! pas de celles qui vous valent huissier cravaté tambourinant aux aurores ou costaud cravateur octroyant un ultime délai avant de casser bras ou rotules, non, plutôt des dettes… disons *littéraires*. Il paraît qu'on ne connaît jamais mieux un homme – ou une femme – qu'en parcourant sa bibliothèque. C'est du moins ce qu'affirmait Jean Dutourd, qui devait savoir de quoi il parlait. Dans ma bibliothèque, se trouve un bon rang d'éditions Marabout déjà anciennes, souvenirs d'adolescence ou glanes d'escapades chez des bouquinistes, où Claude Seignolle voisine avec Jean Ray et Thomas Owen, George Langelaan et Marcel Béalu, Gérard Prévot et Matthew J. Lewis. On le voit, il est en bonne compagnie. Quand, il y a près d'un demi-siècle, j'achetais ces livres, j'étais loin de penser qu'un jour je serais moi aussi écrivain, que Seignolle me ferait l'honneur de plusieurs préfaces, et que dans l'une d'elles il me sacrerait son « *successeur en folklore* ».

Aujourd'hui, j'ai l'occasion de rembourser un peu de ma dette. En respectueux hommage, voici donc un texte de Claude Seignolle…

Un nom expressif me revient violemment en mémoire, celui de Perthes-les-Hurlus[41], village champenois martyrisé et laissé tel. Il invite à la douleur et ceux qui, jadis, le baptisèrent ainsi ont certainement agi sur une prémonition. Perthes-les-Hurlus… Pertes-les-Hurlus… les hurleurs… Perdu, fini, foutu… hurlements, cris, pleurs… où toute une nuit je restais étreint, en état de dédoublement… Perthes à hurler encore de nos jours, gisant tel qu'en sa mort Grande Guerrière. Rasé, crevé, renfoui, mis en poudre, laissé en supplice non pour témoigner d'atrocités tactiques mais parce qu'inclus dans le champ de manœuvres de Suippes, réserve du passé Quatorze-Dix-Huit, où, en Trente-Huit, nous allions encore avec nos gros calibres continuer la fête en jouant au tir réel afin que militaires et nature ne perdissent pas la main.

Bivouaquant au clair de lune sur les entonnoirs par lesquels ce Perthes-là s'était transvasé dans un autre monde, le village arasé, lunaire, s'offrait à mon regard comme une scène où

41 – On écrit plus généralement Perthes-les-Hurlus, j'ai conservé l'orthographe adoptée par Seignolle.

il allait se passer quelque spectacle habituel et commun pour un tel cadre mais inattendu, pour moi, occasionnel visiteur.

Épuisés d'avoir canonné toute la journée, mes compagnons dormaient sous les tentes comme des brutes satisfaites. Encore énervé je ne pouvais fermer l'œil et restais allongé dehors, à même l'herbe. Tout était apparemment calme. Non loin, quelques chicots de muraille, que ne cachaient pas complètement les ronces, attiraient mes regards plus que toutes autres ruines : les ossements de l'église. Je les regardais longtemps et m'assoupis sur cette image. Mais je fus bientôt ramené à la surface de ma torpeur par un sourd et trouble murmure.

Il provenait du tas de pierres sacrées. Là, à n'en pas douter, on priait… on se plaignait… on gémissait… on implorait, et je n'apercevais personne. C'était à croire que je captais les ondes du passé. Aussi, en entendant ces litanies, je me sentis blêmir à prendre la couleur crayeuse et virginal du sol de Champagne violé par une guerre déjà légendaire, et si atroce pour une région aussi aimable !

Qu'était-ce ? Je ne me questionnai pas longtemps… L'évidence me le confirma : tant d'hommes étaient tombés là. Morts : morts rapides comme le trait de l'éclair ; morts lentes comme la goutte d'eau qui hésite à choir, ou morts de mille morts, que ce murmure pouvait très bien être, répercutés jusqu'à cette nuit, les échos de leur agonique fin… Assurément me parvenait le resurgissement des trépas de ceux d'avant moi.

Voulant en avoir le cœur net je me levai et, soudain angoissé comme si je savais le sol truffé de mines amorcées et chargé de peur explosive, en mitraille, je me rendis le pas en transe jusqu'aux déchets des Ruines-de-Dieu. Là, malgré l'absence de voûte et, sans que je puisse m'y méprendre, les mystérieuses plaintes résonnaient puissamment, en hauteur, en épaisseur et en profondeur. Je fis un rapide signe de croix qui, au lieu d'atténuer le funèbre chœur, l'anima d'une nouvelle flambée. Une bouffée de hargneux geignements se vrilla alors dans mes oreilles.

Je crus distinguer enfin, s'acharnant contre le sombre comme s'il fût appétissante et substantielle charogne, un monstrueux essaim de grosses et coriaces mouches bleues. Les unes semblaient dire ceci, les autres cela. Toutes parlaient à la fois, me donnant l'impression qu'elles voulaient être coûte que coûte entendues ; que je comprenne le sens de leurs bourdonnements ; que je les reconnaisse. Pour cela, elles se firent soudain tour à tour exigeantes ou suppliantes. Lamentations, revendications et amertume s'enchevêtraient en un céleste chœur ; un irréel chant de marche jeté par de confus régiments d'infanterie, d'artillerie ou du génie pétris dans la terre de craie, glacés à mort et tourbillonnant sur la face externe de l'au-delà en attendant leur définitif engloutissement.

Oui, je voyais des mouches en folie et j'entendais des âmes bavardes, revendicatrices ou plaintives : celles des hommes lacérés, écartelés vifs là, autour de cette église n'ayant eu qu'un seul défaut, terrestre, mais de taille, celui d'avoir, par son élévation sur un naturel renflement de sol, alternativement tenté deux armées féroces à l'utiliser comme observatoire. Pour elle des milliers de morts avaient poché avec leur sang la terre blanche de ce village stratégique. Et je ne doutais pas un seul instant que longtemps encore d'inlassables mouches aux reflets d'acier, grassement nourries de néant, naîtraient par milliers de l'humus humain et tourneraient en rond, muselées à chaque aube par le jour impropice à leurs confessions…

L'église et le cimetière de Perthes-les-Hurlus, après la bataille où périt notamment, à l'âge de 27 ans, le peintre August Macke – Collection de l'auteur.

Un village écrasé, mort, appelé Perthes-les-Hurlus!... Un témoin, moi qui, tout un nocturne, écoutais, en transe d'anxiété mais terriblement fasciné, l'extraordinaire confusion d'un rapprochement possible! Que fallait-il de plus pour le croire?

Et sans doute en sera-t-il toujours ainsi de l'âme survivante des épopées gigantesques et des légendes tragiques qui, longtemps après les faits qui les ont engendrés, continueront à gémir et à bourdonner aux oreilles faciles du peuple embrasé de frissons, les écoutant jusqu'à ce que, peu à peu, siècle après siècle, le vif de leur effroyable vérité s'éteigne comme des tisons à l'oubli des cheminées.

Retour à Beynac

Restons avec Claude Seignolle, et faisons un grand bond en arrière, avec le roi Richard Cœur de Lion, le seigneur Adhémar de Beynac et le chef de routiers Mercadier.

De retour de la Troisième croisade, le roi constate que son fidèle Mercadier a su garder dans son giron ses biens aquitains. Aussi décide-t-il de le récompenser en lui donnant un château qui ne lui coûte pas cher: il profite du décès d'Adhémar de Beynac, mort sans descendance officielle, pour s'emparer, en 1194, de son château et donc l'offrir à Mercadier – qui n'en profitera guère, puisqu'il sera assassiné à Bordeaux en 1200.

Et maintenant, donnons la parole à Seignolle:

«Vous savez, Maudhuy, que je suis né à Périgueux, dans le Périgord. C'est un pays que j'aime beaucoup, j'aurais aimé lui consacrer un gros livre sur son folklore, ses légendes... Le temps m'a manqué, on ne fait pas toujours ce que l'on veut, vous savez ça. J'ai quand même recueilli quelques témoignages (...) À

Beynac, on m'a raconté que le château était hanté par le spectre d'un seigneur. On ne me l'a jamais nommé. On m'a simplement dit que Dieu l'avait puni pour ne pas avoir poursuivi sa lignée, je suppose donc que c'est Adhémar de Beynac. D'autres m'ont dit qu'à sa mort ce seigneur avait été rejeté par ses ancêtres, pour la même raison, l'absence d'une descendance mâle. On conte qu'il erre dans les couloirs du château. Je n'ai recueilli aucun autre détail. Par contre, les mêmes témoins me disent que Richard Cœur de Lion a caché son trésor dans le château. J'en ai parlé dans les années soixante à son nouveau propriétaire, un certain Lucien Grosso, un personnage de film, l'air d'un parrain, qui avait fait fortune dans les casinos en France et en Côte-d'Ivoire, et qui avait acheté le château de Beynac par goût des vieilles pierres. Si un trésor est caché quelque part, bonne chance pour le trouver! Ce n'est pas un pavillon de banlieue, ce château-là, mais une vraie forteresse.»

Une forteresse qui attire plus de 100 000 visiteurs par an, sans parler de quelques réalisateurs : André Hunebelle (*Le Capitan* avec Jean Marais et Bourvil) ; Jean-Claude Sussfeld (*Elle voit des nains partout!* avec Zabou et Thierry Lhermitte) ; Bertrand Tavernier (*La Fille de d'Artagnan* avec Sophie Marceau et Philippe Noiret) ; Jean-Marie Poiré (*Les Visiteurs 2* avec Jean Reno et Christian Clavier) ; Andy Tennant (*À tout jamais* avec Drew Barrymore et Anjelica Huston) ; Luc Besson (*Jeanne d'Arc* avec Mila Jovovich et Dustin Hoffman) ; Lasse Hallström (*Le Chocolat* avec Juliette Binoche et Johnny Depp) ; Gérard Krawczyk (*Fanfan la Tulipe* avec Vincent Perez et Penelope Cruz) ; Ridley Scott (*Le Dernier Duel* avec Matt Damon et Ben Affleck)... Du beau monde !

Par contre, c'est une erreur d'ajouter à cette liste déjà prestigieuse *Le Tatoué*, de Denys de La Patellière, avec Jean Gabin et Louis de Funès : il s'agit ici d'un autre château périgourdin, le château de Paluel, à Saint-Vincent-le-Paluel.

Cet Adhémar de Beynac a donné naissance à un grand personnage du folklore des Landes, de la Bigorre, des Pyrénées et autres lieux : Bos de Bénac, évoqué notamment par Hippolyte Taine et Jean-François Bladé. Mais ceci est une autre histoire...

À gauche :
Autoportrait au chapeau, August Macke vu par lui-même, en 1909 – Musée d'Art de Bonn.

1

2

3

1.

Le château de Beynac domine le petit village et la Dordogne. Lors de la guerre de Cent Ans, il fut une forteresse française face aux Anglais, installés sur l'autre rive, au château de Castelnaud – Photo Manfred Hayde.

2.

Vu sous cet angle, le château semble bien difficile à prendre d'assaut – Photo Jean-François Bonachera.

3.

Face aux Français du château de Beynac, de l'autre côté de la Dordogne, guettaient les Anglais et leurs alliés depuis la forteresse de Castelnaud, à Castelnaud-la-Chapelle, qui elle aussi fut le lieu d'apparitions spectrales au milieu du XIXe siècle. Hélas ! sans qu'on en sache plus... Ironie de l'Histoire : plusieurs fois pris et repris, pillé à la Révolution, abandonné, ruiné, en 1965 le château est acheté et réhabilité par Pierre Rossillon, alors maire de l'ancienne rivale Beynac-et-Cazenac - Photo Chensiyuan.

LA FONTAINE DU ROMAIN

Où l'auteur vous emmène
en Alsace,
où un légionnaire annonce les guerres

On l'appelle la « fontaine du Romain ». En fait, c'est plutôt un lavoir, alimenté par deux sources qui jaillissent au fond d'un souterrain creusé dans la colline au XVIe siècle. Son entrée est défendue par une grille solide. Le lieu fait l'objet d'une légende que me conte le maire du village, M. Yves Beller : « *On dit qu'on entend d'abord des pas lourds, puis qu'on voit une lueur, et enfin un légionnaire romain, armé, dans sa tenue militaire. Il passe à travers la grille et salue du bras, à la romaine, les gens présents. Il ne dit rien, pas un mot. Puis il disparaît. On l'a vu en 1870, en 1914, puis en 1939. On en a déduit qu'il venait donc annoncer une guerre prochaine.* »

Un habitant du village, qui me demande de préserver son anonymat, ajoute : « *Moi, je ne l'ai jamais vu. Mais en 1939 ma mère l'a vu. Elle était avec deux voisines. Elles l'ont vu qui sortait du souterrain. Avant, elles avaient entendu ses pas, et comme elles savaient que ce souterrain ne mène nulle part, elles se demandaient qui était là. Il était casqué, il portait une cuirasse, il avait une courte épée à la ceinture. Il s'est tenu debout, devant la grille, du côté du lavoir. Il a levé lentement le bras droit. Ma mère m'a dit qu'il était entouré d'une sorte de halo lumineux. Une des voisines a assuré que des larmes lui coulaient des yeux. Il a baissé le bras et est retourné dans la galerie. D'autres personnes l'ont vu aussi, toutes disent à peu près la même chose : des pas, le légionnaire qui apparaît, le bras levé, les larmes, puis le retour dans le souterrain.* »

Et un ancien du village de conclure : « *Je ne l'ai pas vu, mais s'il existe et si l'histoire est vraie, je préfère ne pas le voir.* »

La Fontaine du Romain, où mieux vaut ne pas voir un légionnaire – Mairie de Dangolsheim.

HÉLÈNE, ENTERRÉE VIVANTE

Où l'auteur vous emmène
à Marnay, en Franche-Comté,
où l'on enterra un peu vite une princesse,
dans les Monts d'Arrée en Finistère,
où une femme se réveilla dans son cercueil,
dans les Cévennes,
où une petite fille dut de vivre à la maladresse d'un porteur,
et enfin en Beaujolais,
où une femme aurait bien aimé récompenser un voleur

La peur de se réveiller bien vivant dans un cercueil ou un caveau remonte à la plus haute antiquité. Elle a d'ailleurs un nom : la taphophobie. C'était la hantise de grands hommes, comme George Washington, Frédéric Chopin, Jules Massenet… En 1818, dans le *Dictionnaire des sciences médicales*, écrit par une « société de médecins et de chirurgiens », on peut lire : « *Les apparences de la mort ont été quelquefois si grandes, que la vérité n'a pu éclairer les yeux de médecins instruits ; mais, plus souvent, l'ignorance et la précipitation placèrent dans le tombeau, des malades qui n'avaient pas perdu tous leurs droits à la vie. Qu'on se peigne la situation d'un malheureux enseveli vivant, qui se réveille dans le séjour de la mort ; ses cris ne frapperont point les airs, et aucune oreille humaine ne les entendra ; en vain il veut déchirer le linceul dont ses membres sont enveloppés ; en vain il tente de repousser la masse de terre qui pèse sur son cercueil : meurtri, épuisé, il éprouve toutes les angoisses du désespoir, et, cédant à sa rage et à la faim, il mord, il ronge ses bras qui ne peuvent l'arracher à son horrible destinée*[42]. »

Le 27 février 1866, le cardinal Ferdinand François Auguste Donnet, qui était aussi sénateur, fort des rapports de nombreux prêtres, déclara à ses collègues saisis d'une pétition sur les inhumations précipitées : « *J'ai acquis la conviction, par des faits incontestables, que les victimes des inhumations précipitées sont plus nombreuses qu'on ne le pense communément. Or, y a-t-il rien de plus horrible que de mourir en imputant sa mort au peu de vigilance et à*

42 – *Dictionnaire des sciences médicales*, par une société de médecins et de chirurgiens, tome vingt-cinquième, Paris, C. L. F. Panckoucke, 1818, p. 170.

l'imprévoyante précipitation de ceux qu'on appelait, quelques heures avant, des plus doux noms qu'on puisse donner ici-bas ?»

On ne peut mieux dire...

Hélène de Beauffremont

La fille du seigneur de Marnay, la princesse Hélène de Beauffremont, vint à mourir.

On l'enterra dans le caveau de la chapelle seigneuriale, en l'église même de Marnay.

On raconte que le soir des funérailles et des jours suivants, on entendit des cris lamentables sortir du caveau funéraire. Un grand émoi se répandit dans le château et dans tout le bourg. On crut que c'était l'âme de la jeune morte, qui gémissait dans les flammes du purgatoire et demandait des prières aux vivants.

On fit des prières publiques et le bruit cessa enfin.

Vingt ans après, on ouvrit le caveau pour y descendre le corps d'un autre membre défunt de la famille seigneuriale, et l'on trouva assis sur les marches du souterrain le cadavre de la princesse Hélène qui, enterrée vivante, était sortie de la bière, mais n'avait pu soulever la pierre qui fermait le sépulcre et était morte de faim sur les degrés, après avoir rongé un de ses bras.

La tradition ajoute que quelquefois encore, en automne, quand le vent gémit, le fantôme de la princesse Hélène apparaît errant sur le chemin qui conduit du château à l'église, et particulièrement sur le pont qui précède le manoir.

Cette légende, rapportée par Charles Thuriet, recèle sans doute quelque vérité. Bien des fossoyeurs vous diront qu'ils ont trouvé de vieux cercueils contenant un squelette couché sur le dos ou sur le côté, parfois avec les traces des ongles sur le couvercle. Les cris poussés par ces malheureux, les chocs contre les parois du cercueil, voilà comment ont pu naître quelques légendes de revenants. Légendes qui ont inspiré Edgar Allan Poe (*La Chute de la Maison Usher* et *L'Ensevelissement prématuré*), Alexandre Dumas (*Pauline*), Guy de Maupassant (*Le Tic*), Émile Zola (*La Mort d'Olivier Bécaille*), Peter James (*Comme une tombe*)...

Dans les Monts d'Arrée

Un soir, à l'Auberge du Youdig à Brennilis, dans les mystérieux Monts d'Arrée, nous étions quelques-uns à discuter autour de quelques verres, et, pays oblige, j'avais bien entendu lancé la conversation sur les légendes et les superstitions. *«J'ai un ami qui aura une histoire à vous raconter, allez le voir de ma part, il aura quelque chose à vous raconter... et à vous montrer.»* Rendez-vous fut pris, et dès le lendemain je discutai avec cet homme. *«Ewen m'a parlé de vous au téléphone. Paraît que vous recherchez des histoires, des légendes... Moi, j'ai une histoire bizarre, en plus elle est vraie. Il y a... pff ! plus de soixante ans, le temps passe vite... mon père, qui était fossoyeur, a trouvé un cercueil en creusant une nouvelle fosse. C'était un vieux cercueil, le bois était pourri, un truc de mauvaise qualité. Le menuisier n'était guère soigneux, ou la famille n'avait pas trop de sous... Bref, il a fait sauter le couvercle, et là il a eu peur. Dedans le cercueil, y avait un squelette, pas sur le dos, sur le côté... Sur le couvercle, le côté à l'intérieur, le père a vu qu'on avait gratté avec les ongles, y avait même encore un ongle incrusté dans le bois, des taches brunes, sans doute du sang... Puis on n'enterre pas les gens en les posant sur le côté. Il a raconté la chose au maire, puis deux gendarmes sont venus voir. Ils ont fait des photos.»* Il se lève, ouvre un tiroir, en tire une petite boîte et se met à farfouiller dedans : *«Tenez ! les v'là... Regardez le gros plan, on voit bien l'ongle dans le bois. La malheureuse qui s'est réveillée dans sa boîte, c'était une femme m'a dit le père, elle a tenté de soulever le couvercle, si fort qu'elle a arraché deux, trois ongles. Mais ouiche ! soulever le couvercle d'un cercueil, avec les clous puis le poids de la terre dessus, c'est pas possible. C'est une bien sale mort !* »

En effet, une bien sale mort... Comme je lui demandais dans quel cimetière cela s'était passé, il hésita : « *Euh... Faudrait pas que ça fasse du tort aux gens, à la famille... Même le journal en a pas parlé !... Alors, je vous dis pas le nom de la morte, mais le cimetière, c'était celui de Saint-Augustin, à Morlaix.* »

Quand on a de la chance

Dans un petit hameau des Cévennes, au XIXe siècle, une petite fille était décédée. On la pleura, on la veilla, on la mit dans un cercueil, puis on l'emmena dans le village voisin pour l'enterrer chrétiennement. Quatre hommes portaient le cercueil sur leurs épaules. En franchissant un ru, l'un d'eux glissa, le cercueil tomba sur une roche et s'ouvrit en un sinistre craquement. Heureuse maladresse ! La petite fille, sous le choc, revint à elle. C'est sa petite-fille, devenue enseignante à Montpellier, qui me conta la chose dans un restaurant de Ribeauvillé. J'avais 13 ou 14 ans. Je n'ai jamais oublié cette histoire.

Sauveur malgré lui

Je vous parlais plus haut de Maupassant et de sa nouvelle *Le Tic*. Le narrateur, dans la salle de restaurant d'un hôtel d'une ville d'eaux, observe le comportement d'un autre dîneur : « *Chaque fois qu'il voulait atteindre un objet, sa main décrivait un crochet rapide, une sorte de zigzag affolé, avant de parvenir à toucher ce qu'elle cherchait.* » L'homme ainsi atteint explique l'origine de ce tic et raconte la soirée qui suivit l'enterrement de sa fille :

« *Voici l'aventure. Elle est simple. Juliette avait depuis quelque temps de graves accidents au cœur. Nous croyions à une maladie de cet organe, et nous nous attendions à tout.*

On la rapporta un jour froide, inanimée, morte. Elle venait de tomber dans le jardin. Le médecin constata le décès. Je veillai près d'elle un jour et deux nuits ; je la mis moi-même dans le cercueil, que j'accompagnai jusqu'au cimetière où il fut déposé dans notre caveau de famille. C'était en pleine campagne, en Lorraine.

J'avais voulu qu'elle fût ensevelie avec ses bijoux, bracelets, colliers, bagues, tous cadeaux qu'elle tenait de moi, et avec sa première robe de bal.

Vous devez penser quel était l'état de mon cœur et l'état de mon âme en rentrant chez moi. Je n'avais qu'elle, ma femme étant morte depuis longtemps. Je rentrai seul, à moitié fou, exténué, dans ma chambre, et je tombai dans mon fauteuil, sans pensée, sans force maintenant pour faire un mouvement. Je n'étais plus qu'une machine douloureuse, vibrante, un écorché ; mon âme ressemblait à une plaie vive.

Mon vieux valet de chambre, Prosper, qui m'avait aidé à déposer Juliette dans son cercueil, et à la parer pour ce dernier sommeil, entra sans bruit et demanda :

– Monsieur veut-il prendre quelque chose ?

Je fis "non" de la tête sans répondre.

Il reprit :

– Monsieur a tort. Il arrivera du mal à Monsieur. Monsieur veut-il alors que je le mette au lit ?

Je prononçai :

– Non, laisse-moi.

Et il se retira.

Combien s'écoula-t-il d'heures ? J'étais là, sans dormir, affaissé, accablé, les yeux ouverts, les jambes allongées, le corps mou, mort, et l'esprit engourdi de désespoir. Tout à coup, la grande cloche de la porte d'entrée, la grande cloche du vestibule tinta.

J'eus une telle secousse que mon siège craqua sous moi. Le son grave et pesant vibrait dans le château vide comme dans un caveau. Je me retournai pour voir l'heure à mon horloge. Il était deux heures du matin. Qui pouvait venir à cette heure ?

Et brusquement la cloche sonna de nouveau deux coups. Les domestiques, sans doute, n'osaient pas se lever. Je pris une bougie et je descendis. Je faillis demander :

— Qui est là ?

Puis j'eus honte de cette faiblesse ; et je tirai lentement les gros verrous. Mon cœur battait ; j'avais peur. J'ouvris la porte brusquement et j'aperçus dans l'ombre une forme blanche dressée, quelque chose comme un fantôme.

Je reculai, perclus d'angoisse, balbutiant :

— Qui... qui... qui êtes-vous ?

Une voix répondit :

— C'est moi, père.

C'était ma fille.

Certes, je me crus fou ; et je m'en allais à reculons devant ce spectre qui entrait ; je m'en allais, faisant de la main, comme pour le chasser, ce geste que vous avez vu tout à l'heure ; ce geste qui ne m'a plus quitté.

L'apparition reprit :

— N'aie pas peur, papa ; je n'étais pas morte. On a voulu me voler mes bagues, et on m'a coupé un doigt ; le sang s'est mis à couler, et cela m'a ranimée. »

Le voleur n'était autre que le trop attentionné valet de chambre, Prosper, qui a la vue de la jeune fille *« ouvrit la bouche dans un spasme d'épouvante et d'horreur, puis tomba roide mort sur le dos. »*

C'est là une histoire, entre anecdote historique et légende, que l'on retrouve partout en France, et que Maupassant cisela en nouvelle. Je vous en donne ici une version populaire, recueillie à Saint-Just-d'Avray dans le Beaujolais :

« Dans la villa de Valenciennes, la dame était morte subitement un soir de fête. Alors on l'avait enterrée le lendemain, comme c'était l'habitude ; on l'avait enterrée avec ses bijoux. Et puis il y avait un domestique qui était prêt à se marier, mais il n'était pas riche... Alors il a pensé : "Si j'allais déterrer cette dame et prendre sa bague, ça me ferait une économie." Alors il est allé la nuit, il l'a déterrée et puis la bague était difficile à sortir ; alors il a pris son couteau pour couper le doigt : "ça n'a pas d'importance !" pensait-il. Elle a crié : "Oh ! que vous me faites mal !" Il a pris peur, il s'est sauvé, et on ne l'a jamais revu dans le pays. Alors la dame s'est levée, elle a pris son linceul pour se couvrir, elle est allée s'asseoir sur une pierre (...) ».

On a montré longtemps cette pierre, qu'on appelait « la pierre de la morte ». Après avoir récupéré ses esprits, la dame s'est levée et est rentrée chez elle, à la grande surprise de la maisonnée. Elle a vécu longtemps, a eu plusieurs enfants, mais jamais n'a revu le domestique, à la fois voleur et sauveur, que malgré tout elle aurait voulu récompenser.

Malgré les progrès de la médecine, l'angoisse d'être enterré vivant reste bien... vivante. Des employés de pompes funèbres, des fossoyeurs, vous diront que certains se font enterrer avec un téléphone portable ; d'autres font installer une cloche au-dessus du tombeau, avec une ficelle qui va jusqu'au cercueil – eh oui, y a-t-il du réseau sous terre ? Quelques-uns choisissent la crémation... comme si être brûlé vivant était mieux que de se réveiller dans un cercueil !...

LA RUSE DE L'HÉRITIER

Où l'auteur vous emmène en Champagne, où un héritier fut plus malin que les créanciers

Terminons donc ces errances dans ce monde de fantômes historiques, par un récit qui n'est pas une légende, même si aujourd'hui il est passé à cet état : les faits sont authentiques et consignés dans l'inventaire dressé après le décès de la marquise de Mareuil, le 16 janvier 1711.

Marie-Anne de Ravinel, veuve du marquis de Mareuil, vivait avec un sien cousin dans un vieux château médiéval en lisière d'un bois, à Maison-des-Champs, près de Vendeuvre-sur-Barse. Aujourd'hui, il ne reste plus rien du château, ni d'ailleurs du bois. Les temps changent et le paysage évolue. Mais à l'époque le château en imposait : fossés profonds, remparts crénelés, tours à mâchicoulis, murs massifs fendus de meurtrières, donjon altier où flottaient les couleurs des de Mareuil…

La marquise, avec ses grands airs, son riche mobilier, ses bijoux, ses armures au passé prestigieux, sa vaisselle d'argent et d'or, ses tableaux, sa galerie d'ancêtres, ses tapisseries précieuses, ses dames de compagnie, ses nombreux domestiques et ses riches relations, en imposait tout autant. Et, tant il est vrai qu'on ne prête qu'aux riches, elle n'hésitait pas à recourir à mille crédits pour arrondir ses domaines et assurer son train de vie somptueux.

Quand elle mourut, de nombreux créanciers se firent connaître. Elle avait beaucoup emprunté, la marquise, vraiment beaucoup, et le cousin, son seul héritier, se demandait s'il lui resterait un petit quelque chose.

Méfiants, ne voulant pas que le cousin se serve dans leurs dos, les créanciers établirent au château un gardien qui vivait en permanence à ses côtés. C'était un homme simple, fruste, au cerveau pétri de croyances et de superstitions.

Le jour, créanciers et cousin faisaient l'inventaire. La nuit, sûrs de leur gardien et des scellés posés sur les meubles, les créanciers rentraient chez eux.

Et, chaque nuit, retiré dans sa chambre, le gardien entendait les bruits les plus fantastiques : des chaînes traînaient lourdement sur le plancher, le sol de la galerie haute était martelé de pas pesants… Surtout, le pauvre homme était terrorisé par des cris plaintifs, des gémissements douloureux, des appels lancés d'une voix d'outre-tombe. C'était, il en était sûr, le fantôme de la marquise qui ne trouvait pas le repos. Ou celui de quelque seigneur de l'ancien temps. Parfois il entendait un fracas terrible, comme si les murailles s'effondraient. Et, au-dessus de tout ce chahut infernal, le vent soufflait dans les arbres, la pluie battait les fenêtres, les animaux nocturnes faisaient sarabande...

Toute la nuit, le pauvre homme ne pouvait dormir. Il était recroquevillé dans son lit, redoutant l'apparition du revenant et espérant la venue de l'aube.

Quand le soleil venait et que les ombres de la nuit s'en allaient, bruits et cris s'éteignaient comme par enchantement. Le gardien avait alors assez de courage pour sortir de sa chambre. Il parcourait tout le château, mais il ne voyait rien d'anormal. Il allait dans la chambre du cousin : celui-ci dormait paisiblement. Réveillé, il lui disait chaque fois qu'il n'avait rien entendu.

Les gens de Maison-des-Champs, quand ils apprirent de la bouche du gardien ce qu'il se passait chaque nuit, se dirent que la marquise était tourmentée par ses dettes, qu'elle cherchait les créanciers pour les régler et que c'était pour ça que l'héritier n'entendait rien.

Quant aux créanciers, ils ne savaient que penser et derrière leur gardien murmuraient que sans doute il rêvait, que dans pareil vieux château il était normal d'entendre des bruits dans le silence de la nuit.

Un jour, le cousin vint les voir et leur annonça qu'il ne pouvait rester plus longtemps au château. Il partit. À Maison-des-Champs on murmura que le cousin avait dû lui aussi entendre les bruits diaboliques et qu'il avait préféré fuir.

Les créanciers, eux, croyaient bien plus à l'argent qu'aux fantômes. Ils continuèrent donc, le jour, l'inventaire du château. La nuit, le gardien n'entendait plus rien.

Enfin les créanciers arrivèrent à la chambre de la marquise. Ils entrèrent. Tout était en ordre, les scellés posés sur chaque meuble, sur chaque coffre, sur chaque armoire. Tableaux et tapisseries étaient bien en place sur les murs. Mais, quand on ouvrit un coffre, il était vide ! Une armoire ? Vide aussi ! Tous les meubles étaient vides.

« Les fantômes ont donc vidé les meubles ? demanda l'un des créanciers.

— Nous n'avons pas mis de scellés sur du vide. Et je ne crois pas aux fantômes. »

L'un d'eux, qui ne croyait pas non plus aux fantômes, examinait les scellés de la porte et des meubles. Retournant un coffre, il s'aperçut que le fond ne tenait plus. Tirant un meuble, il découvrit un passage secret.

Tout s'éclairait : l'héritier, se doutant qu'il n'aurait rien ou pas grand-chose de la succession de la marquise, s'était servi tout seul, faisant en démontant les meubles et en portant son butin le bruit qui terrifia si fort le gardien. Il était parti avec la meilleure part de l'héritage, bijoux et vaisselle, ne laissant aux créanciers que vieux murs, tableaux, tapisseries et meubles vides. Pas si vides, d'ailleurs. Dans un coffre, on trouva une lettre du malin héritier : *« Je regrette du fond du cœur mon excellente parente la marquise de Mareuil. Mais je regrette aussi sa bonne et luxueuse succession sur laquelle de sévères créanciers ont eu la hardiesse de faire opposition. »*

À Maison-des-Champs, les villageois oublièrent leur crédulité récente, et moquèrent les créanciers et leur gardien, allant dire partout : *« Bien danse l'héritier à qui fortune chante. Mais fantômes et revenants sont filous, le jugement dernier en démasquera beaucoup. »*

ÉPILOGUE SOUS LA FORME D'UN APÉRO AVEC ALPHONSE BOUDARD

Un jour, Alphonse Boudard se dit qu'il pourrait écrire un livre sur les anarchistes. Il avait déjà évoqué la Bande à Bonnot dans *Les Grands criminels*, et le sujet lui plaisait.

Il me demanda de le guider dans les Ardennes. Dans ce département, des anarchistes, ils en ont eu quelques beaux spécimens. Tiens ! un des membres de la Bande à Bonnot, René Valet, vécut longtemps à Montcy-Notre-Dame, dans la banlieue de Charleville-Mézières.

C'est à Mézières que naquit Auguste Vaillant – d'un père gendarme ! –, qui le 9 décembre 1893 jeta une bombe à l'Assemblée nationale – il sera guillotiné le 5 février 1894.

Pour le venger, un certain Émile Henry lancera une bombe sur un café parisien, le bien nommé *Terminus*. Lui aussi sera condamné à mort et exécuté. Il avait un frère, prénommé Fortuné, qui sera le fondateur de la fameuse Colonie d'Aiglemont – et nous revoilà dans la banlieue de Charleville-Mézières ! Colonie qui fera parler d'elle en recevant notamment Steinlen et Anatole France et en imprimant une revue qui déplaisait autant au préfet qu'au militant ouvrier – ou se présentant ainsi – Jean-Baptiste Clément, l'auteur du *Temps des Cerises* venu porter la « bonne » parole dans les Ardennes. Un drôle de lascar, ce Clément, autoritaire, traquant les ouvriers qui ne voulaient pas se syndiquer ou saisissant la justice dite bourgeoise pour les contraindre à payer, et dont la veuve finira parmi les proches de Jacques Doriot, lequel passa carrément du communisme au nazisme au point de combattre sur le front de l'Est sous l'uniforme allemand.

Or donc, Alphonse vint respirer l'air des Ardennes, lorgner la maison de Valet, patauger dans les bois d'Aiglemont, mirer le buste de Clément…

Nous en étions à l'apéro, et parlions de tout et de rien. Puis la conversation vint sur Marc Dutroux, le pédophile belge, et de fil en aiguille Alphonse me parla d'Eugen Weidmann.

« Un curieux type… Une sorte de voyou comme bien d'autres, qui quitte l'Allemagne et vient en France, où il se met à tuer pour des butins minables. Dans une grotte de la forêt de Fontainebleau, qu'on appelle la Caverne des Brigands, il a tué une infirmière, Janine Keller. C'était en octobre 1937. Eh ! bien, toi qui aimes les légendes, il y a des gens qui disent que le fantôme de la femme hante les environs de la grotte. Quand j'ai préparé mon livre, j'ai erré dans le coin, et j'ai rencontré plusieurs personnes qui m'ont parlé de ce revenant. »

Eugen Weidmann a été guillotiné le 17 juin 1939. Ce fut la dernière exécution publique. Dans *Les Grands criminels*, Alphonse Boudard le présente ainsi, non sans humour : *« C'est un Allemand qui vient tuer en France en 1937. Il aurait pu attendre un peu. »*

La Grande Faucheuse empêcha Alphonse de finaliser son projet. Mais son anecdote sur Janine Keller prouve que le folklore est une matière vivante qui se nourrit d'histoires grandes et petites.

Las ! le fantastique qui jadis nourrissait les légendes contant la survie de Charles le Téméraire ou de Napoléon, a cédé la place à une sorte de complotisme. Si certains croient que Hitler ne s'est pas suicidé dans son bunker en 1945, mais a vécu une seconde vie que l'on place généralement en Amérique du Sud, si d'autres ne croient pas en la mort d'Elvis Presley ou de Michael Jackson, personne n'a conté avoir croisé le fantôme de Félix Faure dans les couloirs de l'Élysée, alors que les circonstances de sa mort se prêtaient à bien des histoires... Personne n'a vu revenir maquisards torturés ou Poilus massacrés... Personne n'a cru voir l'ombre de De Gaulle errant dans le parc de la Boisserie ou dans la forêt des Dhuits...

Dans les villages morts de la Meuse, dans les ruines tragiques d'Oradour-sur-Glane, dans les rues de Tulle, dans les caves de la Gestapo, au Chemin des Dames ou à la Tranchée des Baïonnettes, sur le sable d'Omaha Beach ou dans les neiges de Bastogne, le matérialisme règne.

Comme la nostalgie, le fantastique n'est plus ce qu'il était.

Villiers,
le 22 octobre 2023.

À droite :
J'ai extrait de ma bibliothèque quelques-uns des livres sur la survivance de Hitler. Il en existe beaucoup, écrits par des farfelus, par des aigrefins ou, comme Dieudonné Boverie, par des naïfs de bonne foi – Photo Valeriia Taran.

LUX HAUSER
non
Hitler
n'est pas
mort
20F
WORLD'S DOCUMENTS
Dieudonné BOVERIE
REPORTAGE EN AUTRICHE
HITLER MORT
EN RUSSIE EN 1953
LADISLAS SZABO
Je sais
que
HITLER
EST VIVANT
SFELT
MAURICE TEBOUL
HITLER VIT ?..
8 illustrations
hors texte
S.G.A.P.
20, RUE GUERSANT
PARIS (17e)

INDEX DES NOMS DE LIEUX

Nota : *Ne figurent ici que les lieux hantés. Certains personnages hantent parfois plusieurs lieux voisins, comme le cheval invisible que l'on entend à Domremy-la-Pucelle, Greux et aux Roises, ou les cavaliers sans tête, signalés à Charmoilles, Lannes et Rolampont.*

Belgique

Deux lieux sont situés dans ce qui fut le département français de l'Ourthe, aujourd'hui province de Liège :

Autres pays

SOURCES

Des nouvelles de l'au-delà : enquête de l'auteur à Segonzac (Charente), avec le témoignage de M. Gérard Raby, vigneron. Abbé Louis-Jean-Joseph Grivel, *Chroniques du Livradois*, Ambert, Grangier, 1852, p. 101. Léopold-François Sauvé, *Le Folk-lore des Hautes-Vosges*, Paris, Maisonneuve et Ch. Leclerc, 1889, p. 305-306. Boccace, *Le Décaméron*, traduction de Francisque Reynard, Paris, G. Charpentier, 1884, septième journée, nouvelle X, p. 423-425.

Encore des nouvelles de l'au-delà : enquêtes de l'auteur à Oppède (Vaucluse), avec le témoignage de M. Jean-Paul Clébert, et à Romanèche-Thorins (Saône-et-Loire), avec le témoignage de Mme Jeanne Perraud. Jean Variot, *Légendes et traditions orales d'Alsace*, tome troisième, *Basse-Alsace*, Paris, Georges Crès et Cie, 1920, p. 13-14. Dom Augustin Calmet, *Dissertations sur les apparitions des anges, des démons et des esprits, et sur les revenants et vampires de Hongrie, de Bohême, de Moravie et de Silésie*, Paris, de Bure l'Aîné, 1746, p. 99.

Les spectres du Palet de Samson : Jules Fournier, *Récits des veillées du Sud. De la Gascogne à la Provence*, Toulouse, chez l'auteur, 1899, p. 97. Gérard Bonrepaux, *Légendes et contes de la Vieille-Ariège*, Foix, Imprimerie du Pays de Foix, 1943, p. 3-4. J. Vézian, « Roches à légendes de l'Ariège », dans *Revue de Folklore français et de folklore colonial*, Paris, 1932, p. 154.

Les cavaliers sans tête : Anonyme, *Notice sur le mont Venge*, s.l., s.éd., 1899. Enquêtes de l'auteur à Rolampont (Haute-Marne), avec les témoignages de Mmes Cécile Logerot et Huguette Maillefert, et à Auberive (Haute-Marne), avec les témoignages de Mme Rolande Ruaux et de M. Lucien Meyer. Enquête de l'auteur à Lafrimbolle (Moselle), avec le témoignage de M. Gustave Collin, alors maire du village depuis 1971 – l'enquête date de 1999. Alfred Harou, « Les Revenants de la voie romaine », dans *Revue des Traditions populaires*, Paris, 1900, p. 660.

Les Sarrasins à Monbon : https://monographie-st-sulpice-les-feuilles.fr/souterrain-montbon/. E. de Beaufort, *Le Souterrain-refuge de Monbon*, tiré-à-part du *Bulletin de la Société des Antiquaires de l'Ouest*. Papiers Albert Doppagne, collection particulière. Doppagne est notamment l'auteur de : *Les Sarrasins en Wallonie*, un livre publié par Duculot en 1977, dont les conclusions et remarques valent pour la France.

Le fantôme de Charlemagne : papiers René Stiébel, collection particulière.

Raymond Diocrès : Monseigneur Louis-Gaston de Ségur, *L'Enfer*, Paris, Tolra, 1882, p. 77-79.
Le bûcher des Cathares : Karl des Monts, *Les Légendes des Pyrénées*, Paris, Michel Lévy, s.d.

[1876 ?], p. 251-252. Charles Joisten, *Les Êtres fantastiques dans le folklore de l'Ariège*, Portet-sur-Garonne, Loubatières, 2000, p. 129-130.

La dame de Kerprigent : Elvire de Cerny, dans *Journal d'Avranches*, mars 1861.

Le fantôme du dernier Grand Maître de l'Ordre du Temple : texte basé sur les témoignages recueillis par l'auteur de M. Bernard Counot, d'Harréville-les-Chanteurs (Haute-Marne), de MM. Michel Didelot et Jean-Marc Waris, de Bazoilles-sur-Meuse (Vosges), de Mme Anne-Marie Renard et de M. Pierre Maire, de Pompierre (Vosges), et, pour Pontpierre (Moselle), de Mmes Marie-Louise Albert, Victorine Becker et Marie-Thérèse Hauser et de MM. Joseph et Séraphin Albert. Papiers de l'abbé Richard, collection particulière. *Monographie de la commune de Bazoilles* par le général Maurice Dumontier, collection particulière. Général Maurice Dumontier, « À propos d'un ensemble de ruines situé à Bazoilles-sur-Meuse, au bord de la Meuse », dans *Le Pays lorrain*, Nancy, 1966, p. 27-34. François Verronnais, *Département de la Moselle. Dictionnaire historique des communes*, Paris, Res Universis, 1992, p. 377-385 – réédition de l'édition de 1844. René Alleau (sous la direction de), *Guide de la France mystérieuse*, Paris, Tchou, 1976, p. 702. *La Route des communes de Haute-Saône*, n° 5, Besançon, C'Prim, 2006, p. 327.

La vengeance du Templier mort de faim: enquête de l'auteur à Saint-Anthème (Puy-de-Dôme), avec l'aimable collaboration de son maire, M. Jean-Claude Gagnaire. Mathieu Varille, « Légendes des montagnards du Forez », dans *Revue de Folklore français et de folklore colonial*, Paris, 1936, p. 257-258. La légende provient d'un cahier manuscrit du milieu du XIXe siècle où le comte Elbe d'Argy avait eu la bonne idée de noter les histoires contées par le père Jean, de Lerigneux (Loire).

Des milliers de fantômes épouvantés vêtus d'une longue robe rouge de sang : témoignages recueillis par l'auteur de Mme Rose Derouet, de Doncourt-aux-Templiers (Meuse) et de Mme Juliette Goyat, de Saint-Julien (Jura). É. Henry Carnoy, *Littérature orale de la Picardie*, Paris, Maisonneuve, 1883, p. 146-149 – légende recueillie auprès de M. Apollinaire Bernaux, en 1879, à Beaucourt-sur-l'Hallue (Somme).

Quand les Templiers font appel au Diable : la légende d'Arnold fut publiée dans *Volkssagen aus Lothringen* (Munich, Erich Wewel, 1940), le texte français est dû à M. Bernard Robin. Pour la légende située à Varetz : témoignages recueillis par l'auteur de Mme Marguerite Mombrial et de MM. Lucien Bourzat, Jean-Claude Fayat et Charles Taurisson, de Varetz (Corrèze) ; P. Dubost, « La Commanderie du Temple de Mons », dans *Bulletin de la Société Scientifique, Historique et Archéologique de la Corrèze*, Brive-la-Gaillarde, 1931, p. 251 ; informations fournies à l'auteur par M. Jean-Paul Lherminot, historien local, et par M. Christian Pennel, propriétaire de l'ancienne commanderie.

Les Templiers de Gavarnie : Comte Orloff, *Voyage dans une partie de la France ou Lettres descriptives et historiques adressées à Mme la Comtesse Sophie de Strogonoff*, tome deuxième, Paris, Bosange, 1824, p. 158. Louisa Stuart Costello, *Béarn and the Pyrenees : A Legendary Tour to the Country of Henri*

Quatre, tome second, Londres, Richard Bentley, 1844, p. 92. Henri Martin, *Histoire de France depuis les temps les plus reculés jusqu'en 1789*, tome quatrième, Paris, Furne, 1855, p. 496, note 3. Alexandre Du Mège, *Archéologie pyrénéenne*, tome premier, Toulouse, Delboy, 1858, p. 432. G. Bascle de Lagrèze, *Histoire religieuse de la Bigorre*, Paris, Hachette, 1863, p. 401-402. *Bulletin de la Société Ramond*, Bagnères-de-Bigorre, 1868, n° 9, p. 35-36. Enquête de l'auteur à Gavarnie (Hautes-Pyrénées).

La fille du boulanger : Abbé Charles Braun, *Légendes du Florival, ou la mythologie allemande dans une vallée d'Alsace*, Guebwiller, J. B. Jung, 1866, p. 86. Jean Variot, *Légendes et traditions orales d'Alsace*, tome deuxième, *Sundgau et Haute-Alsace*, Paris, Georges Crès et Cie, 1919, p. 89-90. Armand-Ignace Ingold, *L'Ochsenfeld, ses antiquités, ses traditions*, Strasbourg, Berger-Levrault, 1862.

Le cheval de Jeanne d'Arc : je cite l'identité de mes nombreux témoins dans le texte. Sur les légendes de Jeanne d'Arc et sur son berceau, je renvoie le lecteur à deux de mes livres : *Contes, légendes et croyances des Vosges*, chez Place-Stanislas, et *Histoire de France. Les lieux de mémoire*, chez Métive.

Les troupes de Charles de Blois : Vérusmor [Alexis Géhyn], *Voyage en Basse-Bretagne*, Guingamp, Benjamin Jollivet, s.d. [1855], p. 141-142. Anonyme, *Bienheureux Charles de Blois*, Tréguier, s.éd., s.d. *Monuments du procès de canonisation du bienheureux Charles de Blois, duc de Bretagne, 1320-1364*, Saint-Brieuc, Imprimerie de R. Prud'homme, 1921. Octave-Louis Aubert, *Légendes traditionnelles de la Bretagne*, Saint-Brieuc, Louis Aubert, 1946, p. 213-214. Enquête de l'auteur à Auray (Morbihan), Dinan et Tréguier (Côtes-d'Armor). Émile Souvestre, *Les Derniers Bretons*, Paris, W. Coquebert, 1843, p. 115-116.

La veuve de Du Guesclin : Paul Sébillot, *Légendes locales de la Haute-Bretagne*, tome second, Nantes, Société des Bibliophiles bretons et de l'Histoire de Bretagne, 1900, p. 113-114. Informations fournies à l'auteur par M. Loïc-René Vilbert, bibliothécaire à Dinan. Enquête de l'auteur à Léhon et La Vicomté-sur-Rance (Côtes-d'Armor), avec le témoignage de Mme Marthe Daviet.

Le Prince Noir : Léo Drouyn, *La Guienne militaire*, tome second, Paris, Didron, 1865, p. 38. Alain Viaut, *Récits et contes populaires du Bordelais*, Paris, Gallimard, 1981, p. 76. Sur le Prince Noir et l'Aquitaine : Joseph Moisant, *Le Prince Noir en Aquitaine*, Paris, Picard, 1894 ; Jacques de Cauna (sous la direction de), *L'Aquitaine au temps du Prince Noir*, Actes du colloque de Dax, Cressé, Éditions des Régionalismes, 2016.

La Dame de Feu : Ernest Lafont, dans *La Tradition*, Paris, 1901, n° 110, p. 74-77.

Le sire de Fénelon : enquête de l'auteur à Sainte-Mondane (Dordogne), avec les témoignages de Mmes Paulette Thouron et Fernande Vayssière. Jeanne de Sazilly, *Légendes limousines*, tome second, Paris, Société Paris-Publicité, 1929, p. 198-199. Patrick Planchenault, *Mystérieux Haut-Anjou*, Château-Gonthier, Imprimerie de l'Indépendant, 1984, p. 54-55. Informations fournies à l'auteur par M. Hubert Derouet, ancien maire de Chazé-sur-Argos (Maine-et-Loire).

La trahison du serviteur: Heinrich Menges, *Hundert Sagen und Geschichten aus Elsass-Lothringen*, troisième édition, Strasbourg, Friedrich Bull, 1911, p. 63-64. Dr Alban Fournier, *Les Vosges, Du Donon au Ballon d'Alsace*, Paris, Ollendorf, s.d., p. 76-77. Enquête de l'auteur au château de Guirbaden et à Mollkirch (Bas-Rhin), avec le témoignage de M. Richard Schleiss, ancien maire. Pitre de l'Isle, « La Rouanne », dans *Revue des Traditions populaires*, Paris, 1899, p. 207.

Les ossements du Téméraire et des Grands de Bourgogne: texte basé sur Jean Variot, *Légendes et traditions orales d'Alsace*, tome troisième, *Basse-Alsace*, Paris, Georges Crès et Cie, 1920, p. 175-181. Voir aussi: Roger Maudhuy, *La Lorraine des légendes*, Paris, France-Empire, 2004, p. 82-84; Philippe Meyer, *Histoire de l'Alsace*, Paris, Perrin, 2006, p. 114-117; Charles Thuriet, *Traditions populaires du Doubs*, Paris, Émile Lechevalier, 1891, p. 476-477.

Les revenants d'Oiselay: J.-B. Dornier Aîné, *Essai historique et voyages pittoresques dans l'arrondissement de Gray et dans la Corse en 1832*, tome deuxième, Besançon, Gauthier frères, 1836, p. 145-146. Entretien de l'auteur avec Jean Robinet et Sylvain Charles.

La mort de Jacques d'Amboise: Henri Durif, *Guide historique, archéologique, statistique et pittoresque du voyageur dans le département du Cantal (Ancienne Haute-Auvergne)*, Aurillac, Librairie Ferary Frères, 1861, p. 426-427. Baron du Roure, « La Dame blanche du Mas », dans *Revue des Traditions populaires*, Paris, 1901, p. 197. Enquête de l'auteur à Saint-Just-près-Brioude (Haute-Loire), avec les témoignages de M. Jean-Marie Joussouy et de quelques anonymes. Paul Sébillot, *Légendes locales de la Haute-Bretagne*, deuxième partie, *L'histoire et la légende*, Nantes, Société des Bibliophiles bretons, 1899, p. 127-128.

Le fantôme du duc de Guise: texte basé sur les papiers d'Arnold van Gennep, alors propriété de sa fille. Elle est décédée. Depuis son décès, nul ne semble savoir ce que sont devenus les papiers de son père. Une mine d'or aurait-elle disparu? Ou des cartons gisent-ils dans quelque recoin oublié?

Souvenirs des guerres de Religion: enquête de l'auteur à Sury-près-Léré (Cher), avec les témoignages de Mme Yvette Roblin et de M. André Audebert. Fernand Foucher, *Loire et Coteaux, Coutumes et croyances d'hier à aujourd'hui*, chez l'auteur, 1994, p. 266. Abbé A.-L. Fontaine, *Histoire d'Aouze*, manuscrit inédit, collection particulière. Laurent Jean-Baptiste Bérenger-Féraud, *Superstitions et survivances étudiées au point de vue de leur origine et de leurs transformations*, tome quatrième, Paris, Ernest Leroux, 1896, p. 329-330. Le récit situé à Fontenay-le-Comte a été recueilli le 11 novembre 1902 par Edmond Bocquier et publié dans *Revue du Traditionnisme français et étranger*, Paris, tome XV, 1914, p. 33-37. Enquête de l'auteur à Arras-sur-Rhône (Ardèche), avec le témoignage de Mme Yvonne Fressenet. Informations fournies à l'auteur par le Dr Philippe Bouffard, ancien maire d'Allevard (Isère). Edmond de Roure, « Le Meurtre de la duchesse de Mercœur », dans *Revue des Traditions populaires*, Paris, 1901, p. 95.

Henri IV et le Grand Veneur : Pierre Matthieu, *Histoire de France et des choses mémorables advenues aux provinces estrangeres durant sept années de paix du règne du Roy Henri IIII, Roy de France & de Navarre*, volume premier, Paris, I. Mettayer et M. Guilemot, 1607, p. 155-156.

Le chasseur de La Mothe : Alcide Marot, *Le Chasseur de La Mothe*, chez l'auteur, 1892. Gustave Sarcaud, *Contes et légendes du Bassigny champenois*, Paris, Dumoulin, 1880, p. 26-31. Enquête de l'auteur à Aigremont (Haute-Marne), avec le témoignage de Mme Lefaivre. Enquête de l'auteur à Milly-sur-Bradon (Meuse), avec le témoignage de M. Albert Richard. Enquête de l'auteur à Rozerotte (Vosges), avec le témoignage de Mme Marie-Louise Cablé. Auguste Pierrot, *Le Diable*, Saint-Dié, chez l'auteur, 1939, p. 33-43. Enquête de l'auteur à Bellefontaine (Vosges), avec le témoignage de Mme Berthe Valentin. F. Charpentier, dans *Revue des Traditions populaires*, Paris, 1894, p. 413.

Le fantôme de la Connétable : *Mémoires de Maximilien de Béthune, duc de Sully, principal ministre de Henry le Grand*, mis en ordre avec des remarques par M.D.L.L.D.L., tome premier, Londres, s.éd., 1745, p. 586-587. Gédéon Tallemant des Réaux, *Historiettes*, tome premier, Paris, Gallimard, La Pléiade, 1960, p. 69. *Lettres de Madame de Sévigné*, tome VII, Paris, Hachette, 1862, p. 530-531. *Mémoires du marquis de Sourches*, tome premier, Paris, Hachette, 1882, p. 466. *Écrits inédits de Saint-Simon*, tome V, Paris, Hachette, 1883, p. 155-162.

Souvenirs de la guerre de Trente Ans : Émile Badel, « Le Pilier qui pleure à Saint-Nicolas », dans *Le Pays Lorrain*, Nancy, 1930, p. 107-109. Émile Badel, *Les Grands jours de Saint-Nicolas-de-Port*, Nancy, Georges Thomas, 1931. Jean-François Deblaye, *Pillage et incendie de Saint-Nicolas-de-Port, 4-11 novembre 1635*, Saint-Dié, Librairie Freisz, 1872. Enquête de l'auteur à Saint-Nicolas-de-Port (Meurthe-et-Moselle) et entretien avec M. Marcel Thiriet. Enquête de l'auteur à Resson (Meuse), avec les témoignages de M. Jean Trinquard, maire du village, et de M. Fernand Mangin. Enquête de l'auteur à Jeandelize (Meurthe-et-Moselle), avec le témoignage de M. André Knobloch. Albert Meyrac, *Traditions, coutumes, légendes et contes des Ardennes*, Charleville, Imprimerie du Petit Ardennais, 1890, p. 320.

Le fantôme de Mazarin : Jean Variot, *Contes populaires et traditions orales de l'Alsace*, Paris, Firmin-Didot, 1936, p. 217. Enquête de l'auteur à Hirsingue (Haut-Rhin), avec le témoignage du Dr Cyrille Kaszuk.

L'amante de Louis XV le Bien-Aimé : enquête de l'auteur à La Rochepot (Côte-d'Or), avec le témoignage de M. Charles Labry. Clément-Janin, *Traditions populaires de la Côte-d'Or*, Dijon, Darantière, 1884, p. 40. Paul Sébillot, *Légendes locales de la Haute-Bretagne*, tome second, Nantes, Société des Bibliophiles bretons et de l'Histoire de Bretagne, 1900, p. 114

Éléonoe-Renée de Bouillé, la Dame verte : texte basé sur les témoignages recueillis par l'auteur de M. et Mme Olivier de Chavagnac, actuels propriétaires du château du Rocher à Mézangers

(Mayenne), et sur le manuscrit de Franck Le Gonidec de Penlan, *La Dame verte*, conte dramatique, écrit en 1942 et resté inédit, collection particulière.

De quelques Dames blanches : témoignage de M. Lucien Vauthier, né en 1905, dans Roger Wadier, *Conteurs au pays de Jeanne d'Arc*, chez l'auteur, 1985, p. 83. Émile Kuder, *D'wiss Frau vo d'r Kenigschburg*, vers 1930, texte traduit et communiqué à l'auteur par Sœur Béatrix. Maurice Higelin, *Die Sagen des Sundgaues*, Altkirch, Masson, 1909, p. 53-54. Informations fournies par la Mairie de Friesen et M. Scherrer, maire du village. Texte inédit dactylographié de Pierre Dupoizat, alors maire de Châtillon-d'Azergues (Rhône), daté du 30 août 1984, collection particulière. Conté à l'auteur par M. Georges Castaing, d'Agassac (Haute-Garonne).

La du Barry : témoignage de M. Henri Bataille, de Vaucouleurs (Meuse), recueilli par l'auteur. Sur Zamor, voir : Ludovic Miserole, *Zamor. Le nègre républicain*, Saint-Romain-de-Colbosc, L'Atelier Mosésu, 2015.

L'errant de nuit : enquêtes de l'auteur à Montmédy (Meuse) et à Villers-devant-Orval (Lorraine belge), avec le témoignage de Mme Julia Dubrulle. Témoignage de M. Gérard Mourlet, de Sainte-Menehould (Marne). La légende du trésor de Louis XVI à Orval fait l'objet de publications souvent fantaisistes. La meilleure étude est celle de M. Bourguignon, publiée dans le *Bulletin de l'Institut Archéologique du Luxembourg*, Arlon, 1927, p. 3-8.

Le sacrilège de Saint-Denis : Alexandre Dumas, *Les Mille et un Fantômes*, tome second, Paris, Alexandre Cadot, 1849, p. 1-50.

Le curé de Montérolier et autres souvenirs de la Révolution : Amélie Bosquet, *La Normandie romanesque et merveilleuse. Traditions, légendes et superstitions populaires de cette province*, Paris, J. Techener, Rouen, A. Le Brument, 1845, p. 267-269. Gil G. Reicher, *Les Légendes basques dans la tradition humaine*, Paris, Maisonneuve, 1946, p. 78-79. Enquête de l'auteur à Viennay (Deux-Sèvres), avec le témoignage de M. André Doret, qui en fut maire durant trente ans. Guy Pillard, *Mythologie des Deux-Sèvres*, Poitiers, Brissaud, 1978, p. 202. Jean Variot, *Légendes et traditions orales d'Alsace*, tome troisième, *Basse-Alsace*, Paris, Georges Crès et Cie, 1920, p. 87-88. Enquête de l'auteur à Otrange et Oreye (Wallonie), avec le témoignage de Mme Raymonde Dechamps. Daniel Pirotte, *Guide des châteaux, manoirs et gentilhommières de Hesbaye liégeoise*, s.l., Éditions du Cercle historique de Remicourt/Musée de la Hesbaye, 1994, p. 75. Chanoine J. Depotter, *Le Pays de Lalloeu. Histoire, mœurs et institutions*, Lille, Giard, 1910. Pierre Descamps, *Promenades au pays de Lalloeu et aux marches de l'Artois*, Illies, chez l'auteur, 1979, p. 45-48. Enquête de l'auteur à Fleurbaix (Pas-de-Calais), avec le témoignage de M. Louis Courdent, et à la cathédrale Notre-Dame de la Treille. Queruau-Lamerie, « Le Petit hussard », dans *Revue des Traditions populaires*, Paris, 1899, p. 39. Léo Desaivre, « Études de mythologie locale. Le monde fantastique », dans *Bulletin de la Société de statistique, sciences, lettres et arts du département des Deux-Sèvres*, Niort, 1882, p. 28. Comte d'Amézeuil, *Légendes bretonnes, Souvenirs du Morbihan*, Paris, Émile Dentu, 1863, p. 157-158.

Enquête de l'auteur à Vallenay (Cher), avec le témoignage de M. André Dumont. Papiers Albert Doppagne, collection particulière.

Napoléon n'est pas mort : Jean Variot, *Légendes et traditions orales d'Alsace*, tome premier, *Strasbourg*, Paris, Georges Crès et Cie, 1919, p. 267-269. Sur Napoléon en Alsace, voir aussi : Jean Braun, « Le Culte de Napoléon en Alsace », dans *Cahiers alsaciens d'Histoire et d'Archéologie*, Strasbourg, n° 130, 1949, p. 293-301. Témoignage recueilli par l'auteur de Mme Maria Pierret, d'Alle-sur-Semois (Wallonie). Jules Fournier, *Récits des veillées du Sud. De la Gascogne à la Provence*, Toulouse, chez l'auteur, 1899, p. 131.

L'étoile vengeresse : Jean de la Chesnaye, « L'Étoile vengeresse », dans *Revue des Traditions populaires*, Paris, 1901, p. 255.

Guerre ou famine : Laurent Jean-Baptiste Bérenger-Féraud, *Superstitions et survivances étudiées au point de vue de leur origine et de leurs transformations*, tome deuxième, Paris, Ernest Leroux, 1896, p. 433. Jules Fournier, *Récits des veillées du Sud, De la Gascogne à la Provence*, Toulouse, chez l'auteur, 1899, p. 117. Papiers Jules Mazé, collection particulière.

La revenante patriote : papiers de l'abbé Gabriel Bretocq, curé de Rosay-sur-Lieure (Eure) de 1923 à 1961, collection particulière. Albert Doucerain, *Nos Vieilles légendes*, Évreux, Hérissey, 1928, p. 37-38. Enquête de l'auteur à Rosay-sur-Lieure.

Le très consciencieux percepteur de Thionville : papiers Jules Mazé, collection particulière.

Une nuit avec Claude Seignolle à Perthes-les-Hurlus : texte revu par Claude Seignolle.

La fontaine du Romain : enquête de l'auteur à Dangolsheim (Bas-Rhin), avec les témoignages du maire, M. Yves Beller, et de deux habitants désirant conserver l'anonymat.

Hélène, enterrée vivante : Charles Thuriet, *Traditions populaires de la Haute-Saône et du Jura*, Paris, Émile Lechevalier, 1892, p. 190-191. Archives de l'auteur. Jean-Baptiste Martin et Anne-Marie Vurpas, *Le Beaujolais. Contes, légendes, récits, chansons*, Trévoux, Éditions de Trévoux, 1982, p. 102 – cette légende fut recueillie en 1979 auprès de Mlle Philomène Corgier, de Saint-Just-d'Avray (Rhône).

La ruse de l'héritier : d'après des notes en partie inédites de l'abbé Jean Durand. Archives Jean Durand, n° 1.867 et 1.868, cure de Villy-en-Trôdes (Aube). À la mort de l'abbé Durand, une partie de ses archives disparut, d'autres pièces furent déposées aux Archives départementales de l'Aube à Troyes, 101J, fonds Jean Durand.

DU MÊME AUTEUR

(Parutions récentes)

Les Quatre Fils Aymon, Les Cerises aux Loups, prix du Livre ardennais 2001

Contes et légendes de la Champagne et des Ardennes, France-Empire, prix Claude Seignolle de Littérature orale 2004

Le Rouet de Mère-Grand, Éditions de Gérardmer/Les Cerises aux Loups, prix Oscar Colson de Folklore wallon 2005

La Lorraine des légendes, préface de Claude Seignolle, France-Empire, prix du Livre lorrain 2006, prix de la Ville de Saint-Mihiel 2006, prix du Chercheur 2006

Le Limousin des légendes, préface de Claude Seignolle, Lucien Souny, prix du Chercheur 2008

Contes des pays lorrains, préface de Claude Seignolle, Lucien Souny, prix Mélusine 2009

Contes et légendes d'Alsace, préface de Claude Seignolle, Place Stanislas, prix Arnold van Gennep de Folklore français 2010

Contes, légendes et croyances des Vosges, préface de René Hénoumont, Place Stanislas, prix Alfred Harou 2011

La Lorraine sorcière, préface de Dominique Prieur, Pimientos

La Bourgogne des sorcières, Pimientos

Mythes et légendes du loup, préface de Roger Pinon, Pimientos

Mythes et légendes de l'ours, préface de l'abbé Jean Durand, Pimientos

Mythes et légendes du chat, préface de Jean Mergeai, Pimientos

Les Chats et les hommes. Une histoire extraordinaire, préface de Mylène Demongeot, Ouest-France

Les Contes populaires de Wallonie, préface de Roger Pinon, CPE

Les Contes populaires de Franche-Comté, préface de Jean Robinet, CPE

Les Fées dans les contes populaires, préface de Stéphane Gaber, CPE

Les Contes populaires du Lyonnais et du Beaujolais, préface de Jean Grossier, CPE

Les Contes populaires de la Drôme et de l'Ardèche, préface de Gilles Henry, CPE

Histoire(s) de vin(s), Christine Bonneton

Le Grand Dictionnaire des Superstitions, préface de Marylène Bergmann, Artémis

Quand l'Histoire de l'Alsace devient légendes. Enquête aux sources des mythes populaires, préface du Pr Jean Favier, La Nuée Bleue

Le Monde des guérisseurs. Témoignages et confidences, préface du Dr Denis Piotte, Christine Bonneton

Pierres mystérieuses. Nos pierres et leurs légendes, De Borée

S'aimer autrefois. Amours & épousailles dans les pays de France, Christine Bonneton

66 histoires du Diable, De Borée

66 histoires de revenants, De Borée

Arbre(s), préface du Dr Jean-Hugues Blondel, De Borée

Les Mégalithes de Franche-Comté. Légendes, croyances et traditions, préface de Bruno Chaton, La Geste

L'Âme sacrée du Limousin, préface de l'abbé André Binon, La Geste

L'Âme sacrée de l'Alsace, préfaces de Roger Pinon et de l'abbé Ernest Sommer, La Geste

Les Arbres qui guérissent, préfaces de Pierre Leman et du Dr Jean-Hugues Blondel, Métive

REMERCIEMENTS

L'auteur tient à remercier ceux sans qui ce livre ne serait pas ce qu'il est :

- Le personnel du Service de la Mémoire et des Affaires culturelles, Département patrimonial, Service des Archives de la Préfecture de Police à Paris.

- Le personnel des bibliothèques et médiathèques de : Aix-en-Provence, Albi, Amiens, Annecy, Blois, Caen, Cherbourg, Clermont-Ferrand, Colmar, Delémont, Dieppe, Dijon, Forcalquier, Genève, Limoges, Lyon, Mende, Montauban, Montpellier, Nancy, Nantes, Périgueux, Poitiers, Provins, Reims, Rennes, La Rochelle, Rouen, Tarbes, Toulon, Toulouse, Troyes, Vesoul et Waremme.

- Le personnel des mairies de : Agassac (Haute-Garonne), Châtillon-d'Azergues (Rhône), Dangolsheim (Bas-Rhin), Friesen (Haut-Rhin), Gavarnie (Hautes-Pyrénées), Molay (Haute-Saône), Pirou (Manche), Resson (Meuse) et Sainte-Enimie (Lozère).

- Le personnel et les conservateurs de : Musée Rolin, Autun ; Musée des Beaux-Arts, Béziers ; Musée d'Art, Bonn ; Musée Behnhaus, Brême ; Musée Condé, Chantilly ; British Library, Londres ; Wallace Collection, Londres ; Musée des Beaux-Arts, Lyon ; Musée du Prado, Madrid ; Musée des Beaux-Arts, Nancy ; Musée Lorrain, Nancy ; Musée Dobrée, Nantes ; Musée Carnavalet, Paris ; Musée d'Orsay, Paris ; Musée des Beaux-Arts, Reims.

- Le personnel des Archives départementales : de l'Hérault, de la Lozère, de la Mayenne et du Vaucluse.

- M. Bernard Robin.

- Les propriétaires de lieux hantés, châteaux le plus souvent, qui m'ont ouvert leurs portes et leurs souvenirs.

- Les témoins rencontrés lors de mes pérégrinations et enquêtes, qui sont nommément cités plus haut.

- Les photographes, professionnels ou amateurs, qui m'ont aimablement autorisé à reproduire leurs documents, et qui eux aussi sont nommément désignés plus haut.

- Et enfin, *last but not least*, Mme Valeriia Taran, pour son travail photographique et iconographique.

Métive
un art de vivre

www.gesteditions.com

Par ce logo, nous témoignons d'une volonté de réduire les impacts environnementaux liés aux activités de l'imprimerie. Nous choisissons un imprimeur impliqué dans la réduction des gaz à effet de serre. Le choix de nos papiers assure que la production a été faite à partir d'un produit à base de bois et a suivi le cahier des charges d'une gestion durable des forêts européennes. Achevé d'imprimer chez Denona en Union européenne en octobre 2024.

Suivi éditorial : Céline Garcia
Composition : Nolwenn Grall

Dépôt légal : second semestre 2024

11, rue Norman-Borlaug
79260 La Crèche
05 49 05 37 22
contact@gesteditions.com